Robert Neuburger

Existir
El más íntimo y frágil de los sentimientos

Prefacio de Eduardo Brik

Traducido por Elisabeth Sigrist

editorial Kairós

Título original: EXISTER - Le plus intime et fragile des sentiments by M. Robert Neuburger
www.robertneuburger.fr

© Editions Payot & Rivages, 2012, 2014, 2020

© de la edición en castellano:
   2022 by Editorial Kairós, S.A.
   www.editorialkairos.com

© de la traducción del francés al castellano: Elisabeth Sigrist Wendnagel
Revisión de la traducción del francés al español: Christine Carlin
Revisión de texto español: Armando Riol y Carmen Bermudez Romero

Fotocomposición: Grafime Digital S.L. 08027 Barcelona
Diseño cubierta: Katrien Van Steen
Imagen cubierta: Dae Jeuna Kim (Seoul, Korea)
Impresión y encuadernación: Romanyà-Valls. 08786 Capellades

Primera edición: Septiembre 2022
Segunda edición: Marzo 2023
ISBN: 978-84-1121-051-5
Depósito legal: B 10.710-2022

Este libro ha sido impreso con papel que proviene de fuentes
respetuosas con la sociedad y el medio ambiente y cuenta con los
requisitos necesarios para ser considerado un «libro amigo de los bosques».

A mis padres,
a Svéti, Alice, Frédéric, Paul-Louis, Éthel,
origen de mi sentimiento de existir

«No basta con dar a luz a los hombres para que puedan existir».

René LAFORGUE

«El hombre no es solo su naturaleza, sino esencialmente su historia […] el hombre no es una cosa, sino un drama […]. Su vida es algo que ha de ser elegido, inventado a medida que progresa. El ser humano consiste en esta elección y esta invención. Todo ser humano es el autor de sí mismo, y si bien puede elegir entre ser un escritor original o un imitador, no puede evitar esta elección […] está condenado a ser libre.»

José ORTEGA Y GASSET

Sumario

Prefacio

Es para mi un honor y satisfacción escribir el prefacio de esta obra de un gran profesional y amigo, quien nos lleva de forma sabia e integradora a reflexionar sobre el sentimiento de existir; sentimiento básico al cual prestamos escasa atención los seres humanos y, por ende, también los profesionales de la salud mental.

El sentimiento de existir no es un fenómeno biológico, sino una construcción psicológica que hacemos a lo largo de la vida. El núcleo central de dicha construcción abarca tanto las relaciones interpersonales (nutriente, de autoridad, fraternal y amorosa) como los grupos de pertenencia (grupo familiar, de pareja, fraternal e ideológico), con los cuales nos identificamos y luego nos adherimos.

Para la construcción de este sentimiento, Robert Neuburger da una importancia clave al concepto de dignidad, es decir, la opinión que tenemos nosotros de nosotros mismos, como la que tienen los demás de nosotros, puntualizando que la dignidad está vinculada al respeto que nos tenemos y al que los otros nos muestran. Este respeto está vinculado a la ética y a la moral construida en un sistema de creencias, en un «nosotros».

Nuestra vida puede estar en peligro cuando perdemos el sentimiento de existir. «Estamos vivos, ahora de lo que se trata es de hacernos existir» frase escrita por Jorge Semprún, exministro de Cultura del Gobierno de España, quien escribe esta frase al ser liberado de un campo de concentración.

El autor de la obra coincide con Viktor Frankl, autor del libro *El hombre en busca de sentido*, cuando afirma que el vacío existencial no es una depresión, sino que es la prueba de nuestra humanidad, un sentimiento que nunca está plenamente interiorizado.

Heródoto, historiador de la Grecia Antigua, dice: «Ningún ser humano aislado puede bastarse por sí solo»; es imposible crear consigo mismo un mundo personal equivalente al tejido de relaciones y pertenencias que nos vincula con el mundo exterior.

Pretender autoexistir es una tarea imposible, ya que no nos permite crear un sentimiento de existir, elemento básico para generar y consolidar nuestra existencia humana.

El autor puntualiza que, cuando tenemos un déficit o un ataque al sentimiento de existir y que se prolonga en el tiempo, se genera un vacío existencial y una desesperación que no se soporta, lo que puede llevarnos a comportamientos tan peligrosos que pongan en riesgo la vida propia. La finalidad de estos comportamientos es evadirnos del sufrimiento, como, por ejemplo, las autolesiones, la adicción a las drogas o a las adicciones comportamentales, tendencia compulsiva a los juegos de azar, o practicar deportes de alto riesgo, pretendiendo así desafiar y vencer a la muerte, como un intento de hacerse autoexistir, en el desafío con la muerte.

Para el autor, el suicidio y el homicidio son un recurso desesperado resultante de haber perdido el sentimiento de existir, que tiene sus raíces en un déficit o ataque a relaciones tempranas o tardías que están vinculadas al apego, a la separación, a la traición y a la humillación, originándose un vacío existencial extremo.

Una gran virtud de esta obra es plantear una mirada psicoterapéutica, multisistémica y constructivista que abre una visión diferente desde el sentimiento de existir para intervenir en los distintos problemas psicológicos de los seres humanos. A partir de aquí, cuestiona la medicina y la psiquiatría actuales por su orientación netamente biológica, ya que diagnostican depresión a toda persona que muestra síntomas depresivos, no haciendo la distinción fundamental entre síntoma y enfermedad. Los síntomas, para el autor, son una respuesta normal frente a fenómenos anormales, como la humillación, la injusticia, la incomprensión, en definitiva, todo aquello que ataca nuestro sentimiento de existir.

Esta obra está fundamentada en la amplia y prolongada trayectoria del autor en la práctica de la psicoterapia, con la documentación de casos asistidos y supervisados por él, y también por el análisis de historias familiares y existenciales de personalidades destacadas de distintos ámbitos como la literatura, la psicología, la filosofía, tales como Primo Levi, Louis Althusser, Sigmund Freud y Georges Simenon, entre otros.

A través de esta obra, Robert nos interpela a todos a preguntarnos por qué y para qué un consumo masivo de psicofármacos en nuestra sociedad, desafiándonos a conectar con algo tan humano como este sentimiento de existir. La depresión y la ansiedad tan fácilmente diagnosticadas son para el autor el resultado de un sentimiento de existir dañado, o, incluso, que no se ha podido llegar a construir.

Robert finaliza su obra generando esperanza en nosotros, al introducir una alternativa para acompañar a este ser humano dañado que es, ante todo, nuestro hermano: «la curiosidad benevolente». Esta curiosidad implica escuchar y comprender lo que expresa el paciente a través del lenguaje de sus síntomas, intentando devolverle su dignidad para que se reintegre en la comunidad de los humanos, donde muchos profesionales de la salud y salud mental tratan de hacerlo, pero se encuentran limitados por un enredo de conocimientos pseudocientíficos, ya que su prioridad es establecer una categoría diagnostica a fin de poder ubicar al paciente.

Cuando podamos devolverle la dignidad al paciente, el resultado será que pueda disponer de la libertad de elegir, su destino, su forma de pensar, y desarrollar sus recursos a fin de enfrentarse a sus angustias existenciales.

Recomiendo la lectura de esta obra a todos los profesionales de la salud y la salud mental y al público en general, ya que, sin duda, permitirá abrir una nueva forma de comprender y abordar los diferentes problemas de la existencia humana.

EDUARDO BRIK
Médico psicoterapeuta
Psicoterapeuta sistémico de pareja y familia
Supervisor docente
Experto en psicoterapia transcultural
Director de ITAD (Madrid)
Presidente de la Asociación Terapias sin Fronteras

Introducción

Vivir y existir

«Siento cómo late mi corazón, cómo respiran mis pulmones, cómo vive mi cuerpo y, sin embargo, no siento que existo», dice una mujer joven, víctima de abusos sexuales. «Tengo la impresión de ser transparente», se lamenta otra. «Ya no siento que existo», expresa un hombre para justificar su decisión súbita de abandonar a su mujer y a sus hijos.

Desde hace una decena de años me sorprende lo frecuentemente que se expresa esta forma de sufrimiento. En estas mujeres y hombres aflora una desesperación cuando me confían que su sensación de existir está, si no truncada, como mínimo muy dañada.

La reflexión sobre esto me ha llevado a distinguir entre la vida y la existencia. La vida nos es dada. Reclama que la cuidemos. El cuerpo tiene sus exigencias. Hemos de comer, beber, cuidar nuestra salud. La existencia es otra cosa. Lo que entiendo como sentimiento de existir consiste en estar conforme con la forma en que se desarrolla nuestra vida. Es un sentimiento de intensidad variable. A veces existimos plenamente en nuestra vida, en nuestra pareja, en nuestra profesión, estamos en consonancia con nosotros mismos y con nuestro entorno, cercanos a la felicidad. A veces existimos mucho menos; y si este estado se prolonga, empezamos a sentir una desesperanza, a la que hoy en día se ha convenido llamar –retomando una metáfora meteorológica apreciada por los laboratorios farmacéuticos– una «depresión».

Mientras todo va bien no nos percatamos de este sentimiento, excepto en raras ocasiones, como la que expresa Rousseau en *Ensoñaciones de un paseante solitario*: «Cuando se acercaba la noche, descendía de las cimas de la isla e iba gustosamente a sentarme a orillas del lago, sobre la arena, en algún rincón escondido; allí, el rumor de las olas y la agitación del agua fijaban mis sentidos y ahuyentaban de mi alma toda agitación, sumiéndola en un delicioso ensueño, en el que me sorprendía con frecuencia la noche sin que me hubiera percatado. El flujo y reflujo de aquel agua, su rumor acrecentado a intervalos, golpeando sin descanso mi oído y mis ojos, compensaban los movimientos internos que el ensueño extinguía en mí y era suficiente para hacerme sentir placenteramente mi existencia, sin siquiera molestarme en pensar. De vez en cuando nacía alguna débil y breve reflexión sobre la inestabilidad de las cosas de este mundo, cuya imagen me ofrecía la superficie de las aguas; pero pronto estas ligeras impresiones se borraban en la uniformidad de un movimiento continuo que me mecía».

Pero si sucede algo que genera una brecha en esta bella construcción, la existencia empieza a pesarnos, o incluso a escapársenos. La mayoría de las veces no nos percatamos de este sentimiento de existir hasta que lo echamos en falta. Sentir que existimos no es un hecho biológico, es una construcción.

Naturalmente, la vida y la existencia están estrechamente vinculadas. Si nuestro sentimiento de existir se debilita hasta tal punto que contemplamos el suicidio, entonces es el cuerpo, es decir, la vida, lo que peligra. Por el contrario, cuando el cuerpo nos falla a causa de una enfermedad es el sentimiento de existir el que se resiente. Todo ello está vinculado a una consciencia siempre presente del paso del tiempo. Un paciente había colocado sobre su escritorio, siempre a la vista, una nota que decía: *Today is the first day of your last days* (Hoy es el primer día de tus últimos días). Otro tenía una reserva de estupefacientes, para recordarle constantemente que tenía la posibilidad de acortar sus días. En la época barroca, cuando la esperanza de vida era de unos treinta y cinco años, se podía ver con frecuencia un cráneo en una esquina de los cuadros, para recordarle a su dueño que tenía los días contados; es lo que se llamaba vanitas o *memento mori*.

En esas condiciones, puesto que tenemos el sentimiento de que la vida es breve, ¿por qué no intentar disfrutar al máximo de esta posibilidad que nos es dada? Hay tres razones para ello. Primero, todo disfrute tiene como base el gozo sexual. Es de tipo orgásmico, por tanto, temporal, seguido de un período de no-excitabilidad fisiológica,* por tanto, de insatisfacción programada. Segundo, a medida que se utilizan, las razones para gozar se van agotando; por tanto, tenemos que buscar constantemente sensaciones nuevas. Tercero, nuestro

---

* A este período se le denomina *aphanasis*, término utilizado por primera vez en 1927 por el psicoanalista Ernest Jones en un artículo sobre el desarrollo precoz de la sexualidad femenina.

sentimiento de existir parece estar estrechamente vinculado a nuestra dignidad como seres humanos, a la opinión que tenemos de nosotros mismos y a la que los demás tienen de nosotros. Esta dignidad está a su vez vinculada al respeto que nos tenemos a nosotros mismos y al que los demás nos otorgan. Y este respeto está vinculado a la ética que nos ha sido transmitida a través de una moral, si no religiosa, por lo menos vinculada a un sistema de creencias, producto de una construcción llamada «nosotros».

La existencia está unida a la creencia, a lo que cada uno creemos que es o debería ser nuestra existencia. Es una construcción, una construcción jamás completada. En *La escritura o la vida*, Jorge Semprún cuenta cómo, tras salir del campo de concentración, volvió a la existencia gracias a la tarea de escribir: «Estamos vivos, ahora de lo que se trata es de hacernos existir». Es una frase particularmente acertada.

Lo que los médicos llaman «depresión» es, en mi opinión, el hecho de ya no sentir que uno existe o, por lo menos, de sentirse existir menos, lo cual traducido es el sentimiento de no percibir que se tiene un futuro, de verse sin proyecto, fuera del tiempo. A los «deprimidos» no les queda otra cosa que fiarse de la medicina para salir de ese estado que los identifica como enfermos. Sin embargo, no se trata de una enfermedad, sino del síntoma que aparece cuando un acontecimiento ha perturbado la construcción del sentimiento de existir, desatando en estas personas una duda sobre su derecho a existir en este mundo. Este estado doloroso es una señal-síntoma, algo como el dolor provocado por una quemadura y que nos dice: «¡Mi sentimiento de existir ha sido atacado! ¿Por qué? ¿Cómo?». Es la consecuencia normal de un ataque doloroso a algo esencial, a esta construcción que edificamos desde la infancia y que consiste en hacernos existir, en otorgarnos una dignidad humana, que nos da el derecho y las razones para vivir.

Hay que distinguir entre el sentimiento de existir y el sentido de la vida. Viktor Frankl, Irvin Yalom[1] y los defensores de la Terapia Existencial invocan la idea de que, para vivir, el hombre ha de darle un sentido a su vida. Creo que se trata de una consecuencia y no de una causa. El sentido de su propia vida, de su utilidad, surge una vez que el sentimiento de existir ya está presente. No es el fin lo que confiere la existencia, es el hecho de sentirse existir lo que nos permite imaginar que la existencia tiene un fin. Ahora bien, coincido con Viktor Frankl en un punto esencial, cuando afirma que el sentimiento de un vacío existencial no es una enfermedad: «En cuanto al sentimiento de sin sentido de nuestra existencia, no se puede olvidar que no es en sí una situación patológica, es más bien la prueba de nuestra humanidad».[2]

Dicho esto, la elección de los medios por los que nos hacemos existir va ligada al contexto político. Si vivo en una sociedad democrática, soy yo quien ha de ocuparse de esta tarea. En cambio, en una sociedad totalitaria es el estado el que se encarga de dirigir mi existencia. Una mujer de origen rumano había pasado gran parte de su vida bajo la dictadura comunista, un régimen que no le dejaba absolutamente ninguna elección en cuanto a la construcción de su existencia. Cuando vino a mi consulta, tenía un sentimiento no de depresión, sino de vacío existencial. Al pedirme un diagnóstico le contesté: «¡Su enfermedad es la libertad!».

Este libro mostrará, primeramente, cómo construimos nuestro sentimiento de existir, los elementos que nos confieren este sentimiento. Se trata en esencia de las relaciones que establecemos con los demás y aquellas que los demás establecen con nosotros, así como de nuestra pertenencia a grupos que nos reconocen y nos aceptan.

Seguidamente abordaré aquellas situaciones que muestran un defecto en la construcción del sentimiento de existir, así como aquellas que, más tarde, ponen en evidencia un ataque al sentimiento de existir y las reacciones que esto puede originar. Expondré ciertas reacciones negativas, vinculadas a la desesperación, pero también las tentativas de autorreparación de las cuales algunas dan lugar a obras artísticas.

Finalmente, basándome en mi práctica, señalaré las aportaciones de una terapia que valora una lectura des-patologizante a la hora de comprender los sufrimientos psíquicos. Veremos que le doy más importancia a la dignidad de los sujetos que a los síntomas que presentan. No se trata de hacerles creer que serán felices una vez que desaparezcan sus síntomas por ingerir pastillas, sino de valorar su propia libertad de elección.

1. Cómo se construye el sentimiento de existir

¿Qué es lo que nos empuja a construir una pareja y a formar una familia? ¿Por qué sentimos la necesidad de pertenecer a un círculo de amigos o a una asociación? ¿Qué sentido tiene para nosotros una relación profesional? ¿Por qué sufrimos cuando nos sentimos rechazados, abandonados, menospreciados por las personas con quienes creíamos haber establecido una relación? ¿Por qué las injusticias, las humillaciones o la violencia sufridas, ya sean físicas o psíquicas, relacionadas con la pertenencia a un grupo, o con la negación o el rechazo por parte de ese grupo, engendran en nosotros el deseo de desaparecer o una rabia que a veces nos lleva a cometer actos ilícitos?

El sentimiento de existir no tiene nada de natural. Es una construcción para evadirnos de la angustia fundamental que nos causa el ser conscientes de nuestra muerte ineludible. Desde que nacemos se nos van mostrando los elementos que más tarde nos permitirán hacernos existir.

Nacer y existir

Desde que aparecemos en el mundo, incluso un poco antes, comienza el fenómeno de humanización, y sucede de dos maneras. Por supuesto, está la relación con la madre, o por lo menos con una persona estable, con la que crear una relación investida,* que sabe hablarnos, mirarnos, tomarnos en sus brazos, alimentarnos, acariciarnos, amarnos. Esta relación llamada fusional es vital. El psicoanalista americano René Spitz lo comprendió durante la II Guerra Mundial, cuando buscaba la causa por la que los bebés londinenses, alejados de la ciudad por razones de seguridad, se dejaban morir por haber sido brutalmente separados de sus madres.

Pero hay otro factor, no menos importante, que interviene en este proceso de humanización: el recién nacido pasa a pertenecer y a formar parte de unos grupos humanos determinados. El primero es la familia: se le reconoce, y sabemos lo importante que es esa primera mirada para el recién nacido. «Se parece a la tía Úrsula». «Es enteramente un Martínez». «Tiene la nariz de su abuelo». Estas frases no son triviales. Son parte de un ritual para entrar en un grupo, la familia, que, a partir de entonces, está destinada a darle un lugar, a ser responsable de su existencia. La designación de un nombre es otro ritual importante: al recién nacido se le da un nombre de pila, a veces dos.

---

* En la presente obra, el término *investir* hace referencia a la acción subjetiva de conferir dignidad, un cargo o lugar de relevancia en un sentido amplio, a alguien o a un grupo de personas. Se refiere a la importancia que el sujeto le otorga a una relación, cuya consecuencia es ligarse a esta, y, en gran medida, de qué manera y qué lugar ocupa en su experiencia. (*Nota del revisor*).

La costumbre de hoy en día quiere que el nombre de pila usual lo elijan los padres según su deseo, introduciéndole así en la familia actual, mientras que el segundo nombre de pila hace referencia más bien a un eje transgeneracional que le vincula a tal o cual ancestro o abuelo. Un tercer ritual importante: el hecho de inscribir al recién nacido en el ayuntamiento, lo que le da un estado civil, un nombre, una nacionalidad. Los ceremoniales religiosos o determinadas herencias culturales, a través del festejo, pueden completar este soporte de existencia.

Todos estos rituales tienen la función de vincularnos a grupos de pertenencia desde que nacemos, lo cual a su vez nos confiere una identidad. Boris Cyrulnik mostró la importancia de esta fase a partir de su propia experiencia en los orfanatos rumanos. Explicaba que aquellos niños que, a pesar de estar bien alimentados y de poseer un vínculo relacional con una persona estable, no habían recibido el suplemento de humanización que suponen estas diferentes pertenencias, no se desarrollaban psíquicamente.

Los elementos fundamentales que confieren al recién nacido su humanidad, es decir, los medios para hacerse existir, serían: la relación primaria con una madre; las relaciones con otras personas del entorno, y el hecho de atribuírsele una identidad a través de las pertenencias esencialmente familiares y sociales que le son dadas... Existimos, o más bien aprendemos a existir, a través de la mirada de los padres y con el aval de la sociedad.

¿Cómo definir la relación y la pertenencia?

La relación se puede definir como un intercambio: yo existo en la mirada del otro, el otro existe en mi mirada. El hecho de ya no sentirse existir en la mirada del otro, de haberse vuelto transparente, supone sufrimiento. La relación es un trato privilegiado entre dos seres, un apego recíproco e investido de afecto.

Pero para existir no basta con solo establecer relaciones interpersonales, es necesario que estas relaciones también se sitúen dentro de un círculo de pertenencia.

La relación de pertenencia se basa en compartir con otras personas unos valores, creencias, metas, intereses, que crean una comunidad real o psicológica. La pertenencia impone un

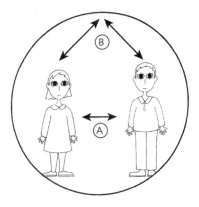

(A) La relación interpersonal

(B) La relación de pertenencia

La relación interpersonal vincula a dos personas. Las relaciones de pertenencia se dan por el hecho de que los miembros del grupo pertenecen al mismo círculo.

compromiso de cara al grupo. Una de las características de este tipo de relación es que crea una solidaridad, una lealtad entre los miembros de un grupo. Es el mundo de la identidad. La existencia de cada uno reposa sobre este doble vínculo relacional sobre el que se superpone un sistema de pertenencia. Por un lado, el apego y, por el otro, el compromiso.

Estos dos sistemas relacionales son distintos y complementarios. Puede haber relaciones interpersonales sin que estén dentro de un círculo de pertenencia: es el caso, por ejemplo, de los encuentros amorosos. Así mismo, puede haber personas con pertenencias comunes sin que estas puedan o deseen desarrollar relaciones interpersonales: es el caso, por ejemplo, de los sindicatos o de las asociaciones profesionales. Sin embargo, parece que las relaciones interpersonales, para que sean estructurantes, han de estar dentro de grupos de pertenencia, siendo el primer grupo la familia. De la misma forma, para ser un soporte identitario consistente, una relación de pertenencia ha de contener como mínimo una relación entre dos personas. En todos los casos necesitamos ambos tipos de relación –una relación interpersonal y una relación de pertenencia– para sentir que existimos.

El mundo de las relaciones interpersonales

Las relaciones son elementos esenciales para el sentimiento de existir. Lo atestigua el dolor que sentimos al perder una relación investida. La forma en que nos relacionamos se asemeja a las inversiones bursátiles: si no se invierte, es decir, si no nos apegamos, no se puede ganar, pero si se invierte, si nos apegamos, se puede tanto ganar como perder. En este sentido, toda relación es una alienación, pero es una alienación necesaria, vital.

Hay cuatro tipos de relaciones interpersonales: la relación nutricia, la relación de autoridad, la relación fraternal o de igualdad y, por último, la relación amorosa.

La relación nutricia

Las primeras etapas que permiten existir al recién nacido no solo como ser vivo, sino también como ser humano, provienen de la relación primaria con la madre o su sustituto, siempre que este sea estable. Para el lactante, esta relación fusional, que le hace existir a los ojos de su madre, es una necesidad vital. Pero como en toda relación, se trata de un intercambio; por tanto, la madre también necesita ser reconocida como tal por su hijo. Conocemos los daños causados cuando una madre se siente rechazada por su recién nacido: rechazo del seno, sensación de que es un extraño, un ser que ella no logra reconocer como proveniente de ella.

Un recién nacido que no se siente reconocido por su madre adoptará conductas de distanciamiento, desde la anorexia al autismo. Una madre que no se siente reconocida por su hijo corre el riesgo de una depresión postparto.

Esta relación primaria está simbolizada por la nutrición, modelo de una relación que posteriormente buscarán los humanos durante toda su vida de forma más o menos sublimada. Es una relación de dependencia asimétrica, de la cual se encuentran rastros en ciertos comportamientos adultos.

La relación de autoridad

Prefiero hablar de «relación de autoridad» más que de «relación paternal». Asimismo, prefiero hablar de «relación nutricia» en lugar de «relación maternal». Y es que actualmente la función nutritiva y la autoritaria son ejercidas tanto por hombres como por mujeres. La función está disociada del sexo. De ser necesario, una mujer adoptará el rol del padre de familia, al igual que un hombre puede mostrar cualidades maternales, y ambos lo harán con habilidad y de forma competente. En las situaciones monoparentales, ambos roles recaen sobre la misma persona, ya sea mujer u hombre. Esta nueva distribución de los roles, que ya no vincula el rol con la identidad sexual como en el pasado, posibilita nuevas situaciones familiares. En las familias homoparentales, muy frecuentes en la actualidad, no se ha observado en ellas ninguna patología en particular; de hecho, no más que en el caso de los hijos de las viudas de la Gran Guerra...

La relación de autoridad también puede ser definida como una relación asimétrica, donde una parte dispone de una autoridad conferida por su posición parental, la cual implica una responsabilidad educativa que él o ella ha de ejercer y que ha de ser reconocida socialmente, mientras que la otra parte, el hijo o la hija, les debe respeto y obediencia. Esta autoridad, y por tanto esta responsabilidad, abarca distintos sectores: salud, higiene, aprendizaje del comportamiento moral, social, ético, y exigencia de responsabilidad en el proceso de crecimiento y desarrollo, etcétera. Está claro que este tipo de relación, fundamental en el pasado, hoy está ampliamente cuestionada por una sociedad que se interpone cada vez más entre el menor y aquellos que deberían ocupar este lugar de autoridad.

La relación fraternal

Esta abarca aquello que el menor aprende en contacto con sus «hermanos». Con ello me refiero a los otros menores de su propia familia o los menores que conocerá en la guardería o más tarde en la escuela infantil, incluso simplemente en la calle o jugando en el arenero. Los primeros intentos de relacionarse a menudo son toscos. Descubrir que no eres el único de tu especie en la mirada maternal es una prueba dura, que engendra lo que Lacan llamó el complejo fraternal. En esta cuestión, el psicoanalista era un experto ya que tenía un hermano que no solamente le hacía sombra en la familia, sino que también era un «hermano en la religión» y, por tanto, le robaba una parte importante de la mirada de Dios.

Si bien el modelo se refiere a la relación con un hermano, es decir, a un semejante en la familia, la relación fraternal nos vincula a otras personas que elegimos como «hermanos», en el sentido de «semejantes». Es una relación fundamentalmente ambivalente. Por supuesto, está el reflejo normal de ver en el otro a un rival. Pero esta rivalidad se manifiesta solo en una relación triangulada, donde el tercer polo de esta rivalidad inicialmente es la madre, o cualquier otra figura que conlleve a tener que compartir el afecto. La otra cara de esta relación se manifiesta en una vinculación dual: es el placer de tener una relación con un semejante, un igual. La palabra clave en esta relación es «compartir», el hecho de vivir una experiencia que toma intensidad precisamente por compartirla con un otro, existir en este placer compartido. Cuando hablo de amistad, esto implica la lealtad y confianza* por parte de cada uno.

Es una relación compleja, ya que la lealtad y la confianza no son lo mismo: la confianza se da, la lealtad es lo que se espera a cambio de la confianza concedida. Es además una relación simétrica, ya que se supone que cada uno da su confianza al otro, a cambio de la lealtad de este. Para los romanos, lealtad y confianza pertenecían al vocabulario institucional: formaban parte de las palabras que fundaban las instituciones, que creaban los vínculos sociales. Esto da muestra de su importancia. La confianza es la *fides*, lo que posee un pudiente y que puede entregarle a un sujeto a cambio de su lealtad: «Te otorgo mi confianza, me debes tu lealtad». El sujeto depositario de la confianza pasa entonces a formar parte de la clientela del pudiente y deberá apoyarle en toda ocasión, ya se trate de un conflicto de guerra o de una simple elección. A cambio, el pudiente deberá ser el protector de su vasallo. Curiosamente, a partir de ese momento el vasallo dispone de un poder sobre el pudiente: tiene la posibilidad de traicionarle o de fallarle en un momento crucial. El pudiente también puede abandonar al vasallo. Aquel que traiciona es el pérfido, el que ha traicionado la *fides*. Este antecedente histórico ha dejado sus huellas. En una relación fraternal, cada uno puede ser traicionado por el otro y cada uno puede ser abandonado por el otro. La relación fraternal, como cada relación, conlleva riesgos.

---

* «La amistad es la unión de dos personas a través del amor y del respeto iguales y recíprocos», decía Kant en su *Doctrina ética elemental*.

La relación amorosa

Es la más voraz. Da prioridad de forma irracional a una relación dual, exclusiva, con un ser elegido. Una vez desarrollada, domina todas las otras relaciones. Se ha escrito mucho sobre ella y se ha comprendido poco. La atracción sexual no es más que un componente y está ligado a la necesidad de existir en la mirada del otro: lo que se busca en el otro es el amor que nos demuestra y el deseo que podemos despertar en él. En cierto modo, cada uno está enamorado del amor del otro. «Amar –decía Lacan– es esencialmente querer ser amado».[3] Camus escribía lo mismo: «Al hacerle sentir tan a menudo que ella existía para él, la hacía existir realmente».[4]

Las cuatro relaciones que acabo de describir brevemente son fundamentales; determinan en gran medida nuestro comportamiento según el tipo de relación que privilegiamos, por ejemplo en cuanto a la elección y la forma de ejercer una carrera profesional.

Los hay enamorados de la relación nutricia. Esta puede marcar la trayectoria profesional, como es el caso de aquellos que no pueden imaginar su futuro si no es en una situación de dependencia. ¡Pero también marca a aquellos que solo pueden concebirse en una profesión que alimenta a otros, como los educadores, cocineros y consejeros en general!

También los hay enamorados de la relación de autoridad, que quieren estar en una relación de sumisión o, a la inversa, en puestos de «jefes», da igual en qué ámbito.

Para los enamorados de la relación fraternal, la amistad es una palabra clave. Difícilmente considerarán una carrera en la que funcionarían de forma aislada. Se les verá más bien trabajando en tándem, con vínculos complejos, ambivalentes, con un socio por el que se sentirán traicionados tarde o temprano...

En cuanto a los enamorados de la relación amorosa, su carrera dependerá estrechamente del sentimiento, a menudo oculto, que los vinculará a esta o aquella figura, a menudo un jefe, a quien servirán fiel y prolongadamente.

Sea como sea, si bien privilegiamos un modo de relacionarse más que otro, tendemos a gestionar nuestra existencia de forma que nos permita tener relaciones de los cuatro tipos, para no estar demasiado desprotegidos en caso de perder una u otra.

Pero lo específico del ser humano es que el tipo de relación no depende enteramente de la persona con quien se mantiene esa relación: se puede tener una relación amorosa con un hermano o una nutritiva con un padre, o bien todo tipo de relaciones con un solo individuo. El cónyuge o la compañera pueden verse investidos en relaciones de varios tipos: por momentos pueden desarrollar una relación amorosa, mostrarse de forma fraternal en la gestión de lo cotidiano y, en otros momentos, la relación puede ser nutritiva o revelar un trato autoritario. Una de las causas de las dificultades conyugales se da cuando uno de estos tipos de relación pasa a predominar sobre los demás.

El mundo de las pertenencias

Me extenderé más en hablar sobre las pertenencias y sus funciones para mantener el sentimiento de existir, ya que su papel

ha sido subestimado durante mucho tiempo, o incluso conno-
tado de forma negativa. Numerosos terapeutas siguen convencidos de que la solución para sus pacientes es abandonar a sus
familias o a su pareja, por los efectos alienantes que aquellos
ejercen sobre ellos. ¡Pero esto equivale a pedirle a una tortuga
que abandone su caparazón! ¿Qué posibilidades de sobrevivir
tiene una tortuga despojada así de sus defensas?

Si las relaciones fueran la única forma de conferirnos el sentimiento de existir, estaríamos constantemente en una posición
de riesgo. Toda relación necesita ser encuadrada, socializada.
Esta es la función de las pertenencias. Una relación por sí sola,
sin socialización, lleva a un *impasse*. La relación nutricia, si es
exclusiva y prolongada, lleva a la psicosis; la relación de autoridad puede llevar a la muerte psíquica de un sujeto sumiso;
a menudo, la relación fraternal es letal y lleva a la muerte, ya
sea por la rivalidad asesina o por la fusión gemelar; la relación
amorosa, sexual, pasional, solo puede prolongarse devorándose
mutuamente o con el suicidio conjunto, a no ser que se pierda
en la indiferencia. Por tanto, no es suficiente con establecer
relaciones interpersonales para sentirse existir, es necesario,
además, que esas relaciones se sitúen dentro de unos círculos
de pertenencia que las contengan.

El hecho de pertenecer a un grupo humano, sea cual sea, es
una relación recíproca: pertenecer significa que se les da mues-
tras de compromiso a los demás miembros del grupo con los
que uno se implica, contribuyendo así a que el grupo funcione y
se refuerce. A cambio, el reconocimiento de nuestra pertenencia
por parte de otros miembros del grupo es un apoyo identitario
fundamental que nos proporciona ese sentimiento de existir.

Las pertenencias no son todas iguales. Émile Durkheim utiliza el nombre «sociedad» para designar los grupos de pertenencia. Actualmente, este término está obsoleto en el sentido que tenía en su época, que se refería a grupos humanos organizados: se hablaba de una «sociedad» de música o de un «círculo social». Dentro de los grupos de pertenencia, el sociólogo diferenciaba entre las «sociedades orgánicas» y las «sociedades mecánicas»: «Hemos diferenciado por una parte las sociedades desorganizadas o, como hemos dicho, amorfas, que van de la horda de consanguíneos a la villa, y, por otro lado, los Estados propiamente dichos que comienzan en la ciudad para acabar en las grandes naciones contemporáneas. A partir del análisis de estos dos tipos sociales, hemos descubierto dos formas muy diferentes de solidaridad social: una basada en una conciencia similar, en una comunidad de ideas y de sentimientos; la otra, por el contrario, es un producto de la diferenciación de funciones y de la división del trabajo. Bajo el efecto de la primera, los espíritus se unen confundiéndose, perdiéndose, por así decirlo, los unos en los otros, hasta formar una masa compacta que únicamente es capaz de moverse en conjunto. Bajo la influencia de la segunda, como consecuencia de la mutua dependencia a la que están sometidas las funciones especializadas, cada uno tiene su campo de acción propio, siendo al mismo tiempo inseparable de los demás. Dado que esta última solidaridad es más similar a la que vincula a las manadas de animales superiores entre sí, la hemos llamado orgánica, reservando para la precedente la calificación de mecánica».[5]

Durkheim distinguía, pues, diferentes grupos de pertenencia: aquellos en los que la solidaridad está ligada al hecho de que todos en el grupo comparten las mismas convicciones, y aquellos grupos de pertenencia en los que la solidaridad proviene de la naturaleza complementaria de las tareas llevadas a cabo. Dicho esto, expresó sus dudas acerca de la posibilidad de que haya grupos exclusivamente «orgánicos» o exclusivamente «mecánicos», excepto en situaciones extremas: «[…] simple definición de palabras, que de por sí nos ha satisfecho mediocremente, pero con la que nos hemos contentado a falta de una alternativa mejor. Aunque rigurosamente hablando quizá sea posible decir que estos dos tipos de solidaridad nunca han existido la una sin la otra, no obstante, hemos encontrado la solidaridad mecánica en un estado de pureza casi absoluta en esas sociedades primitivas, donde las consciencias e incluso los organismos son parejos hasta el punto de ser indistinguibles, donde el individuo está enteramente absorbido por el grupo, donde la tradición y la costumbre regulan al detalle cualquier iniciativa individual. Por el contrario, es en las grandes sociedades modernas donde hemos podido observar más claramente esta solidaridad superior, fruto de la división del trabajo, que le deja a cada parte su independencia al mismo tiempo que refuerza la unidad del todo en su conjunto».

Su observación sigue siendo relevante: en las sectas o los grupos ideológicos fanáticos, que hoy en día no faltan, encontramos grupos extremos de tipo mecánico y también vemos sociedades orgánicas, basadas esencialmente en la complementariedad de las tareas efectuadas, como en la sociedad contemporánea donde la solidaridad se debilita considerablemente.

En la mayoría de las demás situaciones de pertenencia vemos, por un lado, aspectos mecánicos, una solidaridad que se apoya en la comunidad de pensamientos, de creencias, de prácticas, y, por otro lado, un aspecto práctico orgánico, marcado por las tareas compartidas. Dicho esto, en un mismo grupo no es nada obvio el paso de un sistema al otro. Hay parejas jóvenes, estructuradas por ideales comunes, con mitos fuertes, que se ven ante una dificultad al tener que compartir más tareas, por ejemplo después del nacimiento de un hijo, lo cual supone el paso de una sociedad mecánica a una sociedad orgánica.

Me parece que podemos completar la aportación de Durkheim proponiendo otra clasificación que, como en el caso de las relaciones interpersonales, diferencie entre cuatro tipos de grupos de pertenencia, basándonos en lo que los estructura a nivel mítico. Hablaríamos del nivel de las creencias compartidas que forman el esqueleto de cada grupo: familiar, conyugal, fraternal, ideológico; cada una de estas pertenencias ofrece un apoyo identitario diferente.

Los grupos familiares

La familia humana, como recuerda Jacques Lacan, está lejos de fundarse en criterios únicamente biológicos: es ante todo un fenómeno cultural.[6] Una familia es la idea de una familia. Lo específico de este grupo es su función, que esencialmente consiste en la transmisión: «Entre todos los grupos humanos, la familia desempeña un papel primordial en la transmisión de la cultura. Las tradiciones espirituales, la custodia de los ritos y de las costumbres, la conservación de las técnicas y del patrimonio pueden estar en peligro por la disputa que ejercen otros grupos sociales; sin embargo, la familia prevalecerá en cuanto a la crianza, la educación inicial, el control de los instintos y en la adquisición de la lengua, a la que justificadamente se designa como materna. En este sentido, la familia preside los procesos fundamentales del desarrollo psíquico, la organización de las emociones de acuerdo con tipos condicionados por el ambiente, que constituye, según Shand, la base de los sentimientos; y en un marco más amplio, transmite estructuras de conducta y de representación cuyo desempeño desborda los límites de la conciencia.

»De ese modo, instaura una continuidad psíquica entre las generaciones cuya causalidad es de orden mental. El artificio de los fundamentos de esta continuidad se revela en los conceptos mismos que definen la unidad de descendencia, desde el tótem hasta el patronímico; sin embargo, se manifiesta mediante la transmisión a la descendencia de disposiciones psíquicas que lindan con lo innato. Para estos efectos, Conn creó el término de herencia social. Este término, bastante inadecuado por su ambigüedad, tiene al menos el mérito de señalar la dificultad que afronta el psicólogo para no sobrevalorar la importancia de lo biológico en los hechos llamados de herencia psicológica».

Mediante esta transmisión, el recién nacido recibe su primera identidad, aquella que le es atribuida por sus padres, los padres de sus padres o las personas cercanas, quienes le identifican, le nombran, es decir, le reconocen. Esta inscripción en el seno de una familia es esencial para el desarrollo ulterior del niño. Es así como recibe la seguridad básica que le inscribe en la vida y le da la certeza de tener el derecho a existir. No todos los niños reciben este don. El sentimiento de existir conferido por la pertenencia a una familia consiste en ser reconocidos como aptos para la transmisión y dignos de transmitir. Dicho de otro modo, la función de una familia es la de transmitir la capacidad de transmitir. Existimos en tanto eslabones de una cadena que une a nuestros descendientes con nuestros ancestros.

La necesidad de tener este tipo de pertenencia marcará de varias formas la vida de cada uno. Crear una familia es la forma más trivial de mostrar un interés por la transmisión. Es querer ser fiel a los ancestros y, a la vez, asegurarse una supervivencia, creando descendientes; es hacerse existir entre el pasado y el futuro. La vida profesional puede ofrecer oportunidades análogas, por ejemplo, al crear una empresa. Para aquellas personas que no tienen la sensación de haber sido reconocidas en su contexto familiar, esta pertenencia familiar no es algo evidente, por lo que se pasarán toda la vida buscando un reconocimiento, un vínculo de afiliación en un contexto familiar, profesional, político.

Los grupos fraternales

La noción de fraternidad no tiene su origen en la familia. Si nos remontamos a los mitos antiguos o simplemente a los ejemplos del Antiguo Testamento, no ofrecen una imagen demasiado positiva de la relación entre hermanos de sangre. La etimología nos brinda una visión más realista. Para los griegos de la antigüedad, la fratría es un grupo de hombres vinculados por un ancestro común, un padre mítico. Dicha «fratría» tiene por objetivo crear un sentimiento de hermandad entre sus miembros. Para designar a los hermanos y hermanas de un mismo padre o madre, los griegos encontraron otra terminología, *adelphos*, que dio lugar a *adelphè* para la hermana. Este término, *adelphos*, significa «co-uterino»: proveniente del mismo útero. Vale subrayar la primacía de lo materno entre hermanos biológicos, frente al padre mítico de la fratría. Para distinguir la fraternidad de la fratría, el latín ha creado, por una parte, *frater* y, por otra, *frater germanus*, hermano de sangre, originando *hermano* en español. El italiano contemporáneo distingue entre las *suore*, para las religiosas, y las *sorelle*, para las hermanas co-uterinas. El francés de la actualidad confunde los términos. Uno puede ser *frère* (hermano) religioso, *frère* en la batalla, *frère* en la política... y *frère* de sangre. No obstante, si bien entre los grupos creados alrededor de ideas compartidas prevalece la regla de la solidaridad, esta no es frecuente, por no decir excepcional, entre los hermanos de sangre. Este sentimiento fraternal a menudo se desarrolla en un segundo tiempo, mientras que el vínculo original tiende más bien a la rivalidad mortífera.

En el colegio, el niño o la niña comprende que, si no quiere ser marginado, le conviene ser solidario con su grupo de compañeros. Generalmente, el colegio es la segunda pertenencia del niño, después de su familia. Ahí aprende lo que es la rivalidad, la hermandad, el compartir, la solidaridad de cara al mundo exterior. Veo aquí un factor importante de desarrollo. Me parece que la visión clásica de la trayectoria del adolescente deja margen para críticas: se supone que nace en una familia y, en un momento dado, tiene que volverse autónomo, es decir, que ha de establecer una distancia que la familia ha de respetar. Esta hipótesis se basa en la idea de que el paso de la infancia a la adolescencia es una repetición de lo que sucede en la tierna infancia. Al nacer, un bebé mantiene una relación fusional con su madre; luego tiene que desligarse de su madre, lo cual sucede de forma bastante natural: hay un desfusionamiento primario, una irrupción del nombre del padre... El niño puede entonces avanzar en la vida y salir del estado de *infancia* (aquel que no tiene la palabra). Esta fase de desfusionamiento primario es vital.

El problema surge cuando se extrapola esta situación, observada en un contexto muy específico (el del bebé y su madre), a otra situación y a otro contexto, el del niño ya mayor. La idea de que lo que sucede entre el bebé y su madre es idéntico a lo que sucede entre el adolescente y su familia no se corresponde con lo que podemos observar. Lo que vemos no es que el adolescente abandone a su familia, sino que a su pertenencia familiar le sobrepone otra pertenencia, la de su pandilla, y adopta unas costumbres y una cultura que no son las de la familia, sino las de la cultura social en la que evoluciona, es decir, que adopta la forma de vestirse, la lectura, los gustos musicales, etcétera, de sus compañeros y compañeras. Durante el proceso natural del paso a la adolescencia, no se observa esa mayor autonomía con la que sueñan los padres. Al contrario, generalmente se constata que el adolescente aumenta su dependencia: además de ser dependiente de su familia, ahora lo es también de una cultura diferente, la de su pandilla.

Parece, pues, que se trata de un proceso natural: la autonomía del adolescente empieza por una dependencia adicional. El adolescente se encuentra en una encrucijada entre dos culturas, entre dos pertenencias, cada una con su propia estructura y sus propias exigencias. Es más, en lugar de sumarse, estas dos dependencias se restan la una a la otra. El adolescente entonces dispone de dos identidades: una imagen suya con su familia (la identidad que le es dada, conferida, lo que se espera de él) y, por otro lado, una imagen suya con el grupo de su misma edad, el grupo de amigos. Tiene, pues, dos lecturas de sí mismo, dos imágenes que le permiten empezar a reconocerse, mientras que una sola le valdría meramente de espejo.

Aquí vemos lo importante que es adquirir esta segunda pertenencia, como alternativa a aquella ofrecida por el círculo familiar. Representa el inicio de una trayectoria hacia la autonomía, lo cual no implica romper con la pertenencia original, ya que ofrece una complementariedad, una diversidad. Esta no es más que la primera etapa de un proceso de socialización que irá ampliándose. Progresivamente, el adolescente invertirá en otras pertenencias, creará otras imágenes de sí mismo.

Esta fase, en la que el adolescente adquiere una pertenencia de tipo fraternal, vuelve a ser una escuela estructurante. Más allá de la rivalidad, también enseña la solidaridad, el amor al prójimo, el respeto hacia los demás. Aquellos adolescentes en quienes la educación dejó huella en este sentido, desarrollarán su existencia en torno al deporte, ejerciendo una actividad colectiva, moviéndose dentro de organizaciones, estando rara vez a solas.

El grupo pareja

Actualmente, la pareja se ha separado de la familia. Alguien puede desear una pareja y una familia, sin que sea necesario unir estas dos instituciones. El mero hecho de procrear, es decir, de crear una familia, no obliga a la pareja a permanecer unidos, si esta se ha banalizado, «des-idealizado» (si puedo permitirme este neologismo evocador). Esto se debe a que, hoy en día, la pareja se ha convertido en una de las principales formas de sentirse existir. Por tanto, cada uno se ha vuelto exigente en cuanto a lo que esta pertenencia le aporta.

¿Qué aporta realmente la pareja al sentimiento de existir? Un amor diferente al amor relacional. La pareja abarca dos amores: por un lado, el que uno aporta a su pareja y el que la pareja le aporta a uno, y, por otro lado, el que ambos aportan a la pareja que han construido, a esa pequeña institución que me gusta llamar la «casa-pareja».[7] Es la pertenencia a la casa-pareja lo que aporta seguridad, ese sentimiento de existir, complementario al que confiere el hecho de sentirse amado. Más allá de una necesidad de seguridad material, que la pareja actual ha dejado de garantizar, es más bien la necesidad de pertenecer a una pareja lo que principalmente nos motiva a embarcarnos en esta aventura, ¡bien peligrosa a juzgar por las estadísticas, que muestran un número impresionante de fracasos tras una duración media de dos a tres años!

¿Cómo interviene la pareja en el sentimiento de existir? De una forma muy particular y subestimada, por no decir desconocida: reforzando nuestra identidad sexual, la cual nos hace existir en cuanto hombre o mujer. El sentimiento de existir desempeña un papel importante en nuestra identidad sexual, lo cual ha sido subestimado de forma significativa, quizá porque tiempo atrás era una evidencia social. Ese sentimiento lo confería una sociedad sexista, que diferenciaba claramente el destino de las personas en función de su sexo, en cuanto a los roles parentales, profesionales y demás. En la actualidad, esto ha cambiado y lo único que nos queda para reafirmarnos en esta identidad es la pareja. Probablemente así se explique la fragilidad de las parejas actuales, cada uno esperando que la casa-pareja le fortalezca, le sostenga y le reconozca en aquello que la sociedad ya no nos da: la certeza de poseer una identidad sexual.

Los grupos ideológicos

Estos grupos de pertenencia se constituyen basándose en una ideología fuerte, una creencia que puede ser religiosa, científica, política, artística, etcétera. Para formar parte de estos grupos es necesario adherirse a unos dogmas, es decir, a unas creencias no cuestionables. A menudo, estos grupos desarrollan un lenguaje particular, con un vocabulario específico, a través del cual los adeptos se reconocen entre sí. La pertenencia a estos grupos está sujeta a una implicación, generalmente en forma de una contribución económica y de rituales o reuniones, como prueba de la participación de cada miembro en la vida del grupo.

Paradójicamente, el sentimiento de existir que confieren los grupos ideológicos está vinculado a que la persona abandone una parte variable de su propia autonomía, de su libertad de pensamiento, a cambio de la posibilidad de fundirse con un grupo reconfortante, sostenido y estructurado por certezas. En este tipo de pertenencias encontramos lo mejor y lo peor: grupos científicos que han logrado descubrimientos fundamentales, grupos benéficos, grupos de reflexión política, religiosa, grupos que funcionan como sectas, así como las sectas propiamente dichas.

Los grupos sectarios implican una lealtad total y una obediencia al líder carismático, que es la representación en vida de la ideología del grupo, el garante de su «verdad». En estos grupos, el sentimiento de existir surge de la renuncia a todo tipo de crítica y a cualquier otra pertenencia, incluso la familiar o la de pareja. El individuo se sacrifica a favor de una comunidad fuerte, jerarquizada, organizada en torno a un «phallus», el líder, cuyo nombre varía según el grupo. La única forma de existir es fusionándose con el grupo.

Cabe destacar que aquí no entra una categoría de pertenencia, la del mundo laboral, no porque sea contingente, sino porque puede ser abordada de diferentes formas: algunos considerarán su entorno laboral como una familia, otros encontrarán un sentimiento de fraternidad con sus colegas, y otros proyectarán en su trabajo una necesidad de apoyo ideológico, como, por ejemplo, un ideal altruista o científico.

Gestionamos nuestras pertenencias de la misma forma que gestionamos nuestras relaciones interpersonales. Tendemos a participar en grupos de los cuatro tipos que acabo de describir, manifestando así una necesidad no solo de reforzar nuestra identidad por medio de esta participación, sino también de tener diferentes tipos de pertenencias. Mayormente pertenecemos a varios grupos de tipo fraternal (grupo de amigos, grupo profesional), a uno o varios grupos de tipo familiar (la familia actual, la familia de origen), a una casa-pareja, a grupos estructurados por ideologías, como puede ser una iglesia, o asociaciones de cualquier tipo.

Estos grupos, además de darnos un sentimiento de pertenencia, de ser un soporte identitario, tienen la función de contener las relaciones interpersonales, que a su vez son de diferentes tipos y responden a diferentes necesidades: necesidades de relación, necesidades afectivas, ya sean del modelo nutricio, de rivalidad o de relación amorosa.

En cuanto al tipo de grupo de pertenencia y de relación que elegimos, es evidente que cada cual favorece un modelo. Hay amantes para los cuatro tipos de grupos, y esta elección influye en la forma en que cada uno gestiona su vida, por ejemplo profesionalmente. Así pues, algunos «familiarizan» su entorno profesional. En el ámbito empresarial, a esto se le llama «cultura empresarial», lo cual tiende a hacerle creer al empleado que los miembros de la empresa son como una gran familia, por lo que se deben mutuo respeto y solidaridad, todos unidos por un mismo propósito, el de hacer prosperar a esta gran familia que los nutre. Los empleados con tendencia a «familiarizar» el vínculo con su lugar de trabajo se exponen a ser desilusionados. He de decir que, actualmente, las generaciones jóvenes se han dado cuenta de lo frágil que es el vínculo que los une a su jefe y tienen más tendencia a desconfiar de estos discursos, anteponiendo su propio interés al de la empresa que los contrata...

Aquellos que prefieren los grupos fraternales probablemente dedicarán tiempo a actividades sindicales, a su pandilla, a seguir en contacto con los de su promoción...

Aquellos para quienes lo importante, su mayor fuente identitaria, es la casa-pareja elegirán su vida profesional en función de que sea compatible con una vida de pareja satisfactoria, incluso sacrificando posibilidades de avanzar en el trabajo, si ello requiere una mayor inversión de tiempo y disponibilidad.

Finalmente, aquellos que militan en grupos ideológicos tienen claro que la ideología empresarial y las prácticas de su entorno profesional han de ser compatibles con los ideales que defiende su pertenencia. Conocí a una mujer joven con un gran malestar existencial, porque estaba muy implicada en los grupos trotskistas y había sido promocionada a un puesto de responsabilidad en un banco de inversiones...

Cada uno toca su existencia con un instrumento de ocho cuerdas: cuatro para las relaciones, cuatro para las pertenencias. Así se va haciendo una trayectoria de vida, a través de las elecciones que se van tomando en cuanto a las relaciones privilegiadas con otras personas y las pertenencias establecidas, entre apego y compromiso.

2. «Existir»

Existir es un sentimiento que nunca se halla plenamente interiorizado, pero que tiene que ver con nuestra forma de relacionarnos con el mundo exterior. Hay un vínculo entre la necesidad de autonomía y la necesidad de dependencia. De hecho, el hombre no tiene la capacidad de hacerse autoexistir. La libertad humana consiste, pues, en elegir de qué depender, es decir, con qué personas establecer una relación y a qué grupos pertenecer que le ofrezcan reconocimiento. ¡Paradójicamente, cuantas más dependencias tenga un individuo, más libre es! «Cuanto más autónomo es un sistema vivo –escribe Edgar Morin–, más depende del ecosistema; efectivamente, la autonomía supone complejidad, la cual supone una gran abundancia de relaciones de todo tipo con el entorno. Es decir, depender de interrelaciones, las cuales constituyen precisamente la dependencia que es la condición de la independencia relativa».[8] La paradoja de la existencia humana radica en este deseo de, por una parte, existir, autonomizarse, pensar, decidir el propio destino y, por la otra, necesitar dependencias, una necesidad de formar relaciones de diversos tipos, amistosas, amorosas u otras, y de ser reconocido por diversos grupos. Esta necesidad de pertenencia se manifiesta en el intento de integrar o crear grupos: familiares, de pareja, círculos de amigos, profesionales, deportivos, políticos, religiosos, artísticos, etcétera.

El deseo de autonomía del hombre es una teoría del psicoanálisis, pero esta corriente tiende a descuidar la necesidad de dependencia, otorgándole a menudo una connotación negativa debido a su aspecto restrictivo. Los psicoanalistas la ven como una mera resistencia del sujeto a confrontarse consigo mismo, sin embargo, también puede ser considerada como una necesidad vital. (Esto no impide a los psicoanalistas formar sus grupos de pertenencia especialmente investidos y valorados).

El sentimiento de existir se construye en una interconexión entre aquello que cada uno busca, lo que le nutre en cuanto a pertenencia y relaciones, y lo que el mundo exterior puede o quiere ofrecer. Es una relación entre uno mismo y el mundo exterior que se puede definir como dignidad: la búsqueda de una dignidad individual, de un consentimiento con uno mismo, y de una dignidad de pertenencia, la que nos es dada por el mundo que nos rodea. Todo esto define una zona de intimidad personal, que solo existe porque es reconocida, aceptada por el mundo exterior. Pero esta aceptación tiene una condición: que el comportamiento del sujeto muestre un respeto por las normas del mundo exterior. Entre ambos hay un límite frágil, cuestionable, establecido por la relación entre la dignidad personal y la dignidad de la pertenencia, entre lo íntimo y la normativa externa. En efecto, la dignidad humana no se basa únicamente en su capacidad de tender hacia su propia verdad en tanto persona deseable y con deseos, que siente y evoca deseos, dignidad en la indignidad, como mostraba Pascal, dignidad que esencialmente se confiere el sujeto a sí mismo, sino también en la dignidad de pertenencia, otorgada por un grupo que reconoce al sujeto como miembro, con todo lo que esto conlleva en cuanto a la capacidad de renunciar a actitudes y convicciones personales.

Efectivamente, la noción de dignidad es central y merece ser aclarada. Creo que la dificultad para comprender este término se debe a que hay dos formas de concebir la dignidad que, si bien complementarias, pueden entrar en conflicto. Estos dos significados del término se deben a que la palabra «dignidad» no abarca un hecho o una acción, sino que se define por una relación. Según donde se sitúe uno, emergen dos panoramas distintos. Si me sitúo como observador de un individuo, por ejemplo, como representante social o como miembro de cualquier comunidad, definiré cómo me parece que ha de ser su comportamiento, para que este sea compatible con la ética del grupo al que pertenezco, tanto si es la pareja, la familia o un grupo más amplio, como puede ser toda la humanidad. El reconocimiento de su derecho a ser respetado, derecho a su dignidad, estará vinculado a que el individuo respete la ética del grupo. Por el contrario, si me sitúo desde el ángulo propio del individuo, este puede tener su propia concepción de lo que es o no es digno en su comportamiento y de lo que es o no es digno en el grupo al que pertenece.

La dignidad de pertenencia es el derecho que nos es otorgado al pertenecer a un grupo específico. Para Cicerón, por ejemplo, la dignidad de un ciudadano radicaba en el derecho a participar en las decisiones que conciernen a la ciudad. Esta dignidad se refiere a un reconocimiento por un conjunto de sujetos. Y no es una simple palabrería: cuando eres considerado digno de pertenecer, esto presupone una solidaridad al grupo, que, llegado el caso, puede implicar incluso el sacrificio de tu propia vida. En tiempos de guerra se exige a un cierto número de personas que arriesguen su vida por el grupo. Igualmente, si transgredes ciertos comportamientos que se esperan de ti, te arriesgas a ser marginado de la sociedad. En Roma se esperaba de todos los ciudadanos que no se mostrasen ni sumisos ni activos, incluso en su vida amorosa. Una ciudadana no podía hacerle una felación a un no-ciudadano o, peor, a un esclavo, sin arriesgarse a ser deshonrada, es decir, a perder su estatus.

Cada uno de nosotros tiene diversas dignidades de pertenencia, ya sea nacional, en una pareja, en una familia, en una profesión, en un determinado club, en asociaciones profesionales, en grupos religiosos, etcétera.

Cada grupo define sus propias reglas de pertenencia en cuanto a lo que es o no es aceptable para ser digno de formar parte de él, pero cada grupo puede, en un momento dado, mostrarse cruelmente, incluso injustamente, excluyente.

A esta dignidad de pertenencia se le contrapone la dignidad individual, la cual está ligada al estatus propio del ser humano. Es la relación del hombre consigo mismo, demostrando su capacidad de acceder a una dignidad espiritual o moral según las elecciones que hará en su vida, su elección de vida, de pertenencias, de relaciones… Aquí entra en cuestión el grado de libertad del que goza el individuo a lo largo de su existencia.

Estos dos conceptos son complementarios: si soy admitido en un grupo que me otorga esta dignidad de pertenencia, es porque el grupo me atribuye o presupone que tengo un cierto número de cualidades. Pero soy libre de tener mi propio criterio acerca de ese grupo. Si considero que es disfuncional, que sus ideales ya no se corresponden con los míos, puedo intentar tomar medidas con respecto al grupo, por ejemplo, entrando en política o yendo a terapia de pareja o a terapia familiar, o bien puedo abandonarlo cuando cabe esa posibilidad. El filósofo Jacques Bouveresse, profesor en el «Collège de France», no estaba de acuerdo con la política del Gobierno, considerándola indigna según sus criterios. Al recibir una muestra de reconocimiento –la Legión de Honor–, la devolvió al destinatario con las palabras: «Dadas las circunstancias no puedo considerar de ninguna manera aceptar la distinción que me ha sido propuesta y –espero disculpen mi franqueza– mucho menos aún tratándose de un Gobierno como al que usted pertenece, que es radicalmente contrario a mí y cuya política en cuanto a la educación nacional y a los servicios públicos en general me parece particularmente inaceptable».

Del mismo modo, si el grupo no me aprecia, si considera que no cumplo con mis obligaciones, que traiciono sus ideales, puede intentar someterme (los campos ideológicos de reeducación de los tiempos de Mao), o bien eliminarme, expulsarme, excluirme, excomulgarme. Dicho esto, existe una pertenencia de la cual, salvo graves excepciones (como las masacres étnicas), uno no puede ser excluido: la de la especie humana. Y esta dignidad nos es otorgada sin necesidad de solicitarla, desde antes del nacimiento y hasta después de la muerte. Tanto la vida como la muerte están, pues, protegidas por la sociedad. Todo ser humano se merece, como señal de respeto a su dignidad, el reconocimiento de pertenecer a la especie humana. De ahí que la violación de las sepulturas esté tan condenada como el infanticidio.

El doble significado de la palabra «dignidad» permite comprender ciertas contradicciones, como las actitudes en cuanto al aborto o a la eutanasia. Todos se expresan en nombre de la dignidad, tanto aquellos que quieren prohibir el aborto o la eutanasia, como aquellos que piensan que cada uno tiene el derecho de decidir lo que le convine al respecto. El privilegio de elegir la noción grupal de dignidad, es decir, si me posiciono dentro del grupo, implica decidir que la dignidad humana consiste en proteger la vida, en todas sus formas, desde el momento de la concepción, ya que el hecho de pertenecer a un grupo, aquí el grupo de los humanos, hace que uno no se pertenezca, sino que cada uno tiene una deuda con respecto al grupo, que el humano no se pertenece a sí mismo y no puede disponer de sí mismo. En cambio, si me sitúo del lado del individuo que, por supuesto, pertenece al grupo, pero mantiene su derecho de dignidad individual, entonces soy libre de disponer de mí mismo. Esta hipótesis explica las dificultades en los debates acerca de la eutanasia, que llevan precisamente a esta encrucijada entre los dos conceptos de la dignidad humana.

Otro ejemplo que ilustrará esta diferencia es el de un suizo, Bernard Rappaz, quien desde hace varios años ocupa las primeras páginas de los medios de comunicación. El problema: este hombre ha transgredido varias leyes, entre ellas la que prohíbe la explotación del cannabis (¡cinco toneladas en este caso!). También es culpable de otros delitos, en particular de fraudes. Por todo ello fue sentenciado a cinco años de encarcelamiento. Rechazó la condena, argumentando que el cultivo de cannabis debería ser legalizado, punto de vista compartido por ciertos diputados. La sentencia era definitiva, por lo que fue detenido. Entonces decidió hacer una huelga de hambre, pues consideraba que su detención era injusta. Así puso a la justicia y a los médicos ante un problema ético: ¿qué hacer, viéndole perder cada día más peso, hasta acercarse a un punto crítico sin retorno? ¿Debían alimentarle a la fuerza o respetar su voluntad, claramente expresada, de dejarse morir si no revocaban su sentencia? No entro en los debates apasionados de los que la prensa se hizo eco, informando sobre las diferencias de opinión entre las autoridades de los dos cantones suizos, el Valais, de donde era oriundo, y Ginebra, donde fue detenido. Las autoridades del Valais ordenaron a los médicos ginebrinos que le alimentaran a la fuerza. Estos se negaron, argumentando a favor de la voluntad de Bernard Rappaz. La diferencia entre ambos cantones no puede ser más clara: Ginebra es una ciudad protestante, donde prima la responsabilidad individual; hay, pues, que respetar la dignidad de cada individuo, sea cual sea su decisión. El Valais, en cambio, es católico y su conclusión fue la contraria: cada ser pertenece a Dios y no puede decidir por sí mismo. Prima la dignidad de pertenencia. Por tanto, no se le puede dejar decidir sobre su propia muerte.

Me parece que en cada sociedad, en cada época, ha habido un juego entre estas dos formas de concebir la dignidad. Cada época dará un cierto número de soluciones que coinciden, según mi hipótesis, con un compromiso entre estos dos tipos de dignidad. Se puede hablar de un equilibrio entre la prioridad acordada para cada una de estas dignidades, pero esta distribución del equilibrio siempre volverá a ser cuestionada y, para ello, basta con un desequilibrio lo bastante significativo en un sentido o en el otro.

Efectivamente, tirando demasiado hacia la dignidad de pertenencia, se corre el riesgo de pasar de la elección de aquellos que son dignos a la selección de aquellos que son considerados indignos. Esta perversión de la lógica acarrea consecuencias violentas, por ejemplo, la eliminación de elementos cuya presencia es considerada no productiva, o contaminante, para la imagen del grupo. Puede suceder en todos los grupos, desde la pareja hasta una sociedad en su conjunto. A nivel social reconocemos aquí las tentaciones eugenésicas: un movimiento de pensamiento que en los siglos XIX y XX defendía la idea de una purificación de la raza. William Bateson, padre del célebre etnólogo Gregory Bateson, escribía lo siguiente: «Se pueden tomar medidas para eliminar a aquellos sujetos que presenten rasgos considerados como indeseables e inadecuados, para promover la persistencia de aquellos elementos considerados deseables». ¡En el más pequeño de los grupos humanos –la pareja–, esto se traduce en la estigmatización de un compañero o de una compañera, en quien únicamente se reconocen rasgos indeseables o, en todo caso, incompatibles con una vida de pareja!

He aquí las consecuencias cuando la dignidad de pertenencia toma el poder, pero si la ideología tira demasiado hacia la identidad individual –la ideología de la libertad de elección, del libre albedrío–, esto también puede provocar un posible desvío. Ambas desviaciones producen comportamientos de indiferencia hacia otros claramente inhumanos. Para ilustrar esta situación, he aquí dos ejemplos, uno del mundo político y el otro de mi práctica clínica.

Montaigne, el autor de los *Ensayos*, era alcalde de Burdeos. Durante su alcaldía le indignó la situación de los niños abandonados. ¿Por qué? Al igual que en muchas ciudades de la época, en Burdeos había un dispositivo llamado «torno», que permitía a las madres abandonar a sus hijos. Ponían a los hijos abandonados en este dispositivo de recogida y, luego, unas religiosas se hacían cargo de ellos, cuya principal preocupación era la de bautizarlos. Lo que indignó a Montaigne era que una vez bautizados, unas nodrizas muy mal pagadas se hacían cargo de ellos, al cuidado de las cuales la mayoría de los niños fallecían. Para las religiosas estaban bautizados, así que todo estaba bien. Esto significa que privilegiaban la dignidad individual de estos niños, su asunción al paraíso… Montaigne no compartía este punto de vista. Él tomaba en consideración otro tipo de dignidad, la de la pertenencia de esos niños a una comunidad social: para él pertenecían a la *res publica*, a la «cosa publica», por lo que su supervivencia era una responsabilidad colectiva. Detectó la desviación que suponía tomar en consideración la dignidad individual a costa de la dignidad de pertenencia que todo ciudadano merece, sea cual sea su edad.

Veamos ahora el caso de una pareja que vino a la consulta por su hijo, que tenía unos cuarenta años. Este presentaba un estado físico catastrófico y un estado mental aún peor, con grandes delirios, y llevaba así desde hacía años sin jamás haber recibido asistencia médica. Me asombré, a lo que me respondieron con convicción, como si fuera evidente: «Es que nosotros respetamos la personalidad de cada uno». ¡Por respetar la dignidad individual de su hijo, no habían querido involucrarse en su vida!

Cada cual desarrolla una sensibilidad personal en cuanto a ambos tipos de dignidad. Unos, los representantes de las normas sociales, familiares y de pareja, privilegiarán la dignidad de pertenencia. Otros, por el contrario, privilegiarán su dignidad personal, su libertad de pensar y de actuar en función de sus propios criterios. Los unos serán defensores de las normas, los otros defenderán sus convicciones íntimas. Esta forma repartida de investimiento en ambas dignidades constituye nuestras diferencias. Lo que no se invierte por un lado, se invierte por el otro: las proporciones entre la importancia de las normas y la importancia dada a la libertad individual pueden variar. Representan una forma de relacionarse constitutivamente personal, son diferentes formas de hacerse existir.

Para visualizar esta forma de relacionarse, imaginémosla en una escala del 1 al 10. Esta distribución entre íntimo y norma se podría calificar como «relación de opacidad» en el sentido de que muestra la permeabilidad más o menos grande de cada cual frente a las normas sociales. Se podría acordar que el lado izquierdo refleja la evaluación de la necesidad de intimidad: cuanto más elevada, más marcado sería el deseo de disponer de un yo autónomo. A la derecha figuraría la cantidad restante, que representa la elección de adherirse más bien a las normas contextuales. Algunos tendrían un perfil 5/5, o 1/9 o, al contrario dependiendo de si 8/2, su trayectoria les incita a equilibrar sus necesidades, favoreciendo, o bien el deseo de defender la libertad individual, o bien la pertenencia a un colectivo. Es una impronta personal, ya que cada uno tendría, creo, la tendencia a reproducir este reparto en todas sus pertenencias, la de pareja, familiar, de grupo profesional, de grupo de amigos, deportiva, religiosa, política... Este reparto también determina la sensibilidad de cada uno frente a los riesgos que conlleva la existencia. Está claro que quien invierta en lo colectivo será especialmente sensible a los problemas de su contexto y, por lo contrario, aquel que se preocupe más por defender su intimidad será más sensible a las intrusiones a este nivel.

3. Perder la razón de existir

Una vez adquirido, el sentimiento de existir confiere una seguridad básica, pues sentimos que existimos en un espacio y en un tiempo. Esta relación con el tiempo es fundamental: si existo, existo en el tiempo, sé que tengo un pasado y puedo entonces imaginarme un futuro, soñar con proyectos; por tanto, sé cómo actuar aquí y ahora.

En el caso contrario, no me siento existir, estoy fuera del tiempo o atrapado en una secuencia de repeticiones estériles, o de pensamientos repetitivos sobre el pasado. Dos tipos de dificultades originan esta situación. Por una parte, un cuestionamiento constante, una ausencia de apoyo existencial, o bien un ataque a este. Este apoyo lo forman nuestras relaciones con otros seres –relaciones invertidas, importantes para nosotros– y nuestras pertenencias a grupos. Por otra parte, la originan los ataques dirigidos más directamente a nosotros mismos, ataques contra la persona que somos, que minan nuestra construcción, aquello que nos constituye en nuestra identidad a partir de esos elementos que son nuestras relaciones y nuestras pertenencias. Dicho en menos palabras sería nuestra dignidad personal, nuestra intimidad.

Cuando nuestras relaciones y nuestras pertenencias plantean un problema

Recordemos esto: para saber hacerse existir, uno tiene que haber recibido amor cuando nació y tiene que haber sido reconocido, esencialmente por parte de su familia. Este capital inestimable da una seguridad de base. Más tarde tiene que haber sabido invertir en relaciones y en pertenencias.

Pero aquello que contribuye a hacernos existir también puede hacernos sufrir o morir: siempre que invertimos afectivamente, ya sea en una relación o en una pertenencia, corremos un riesgo. Aquello que hemos invertido puede desaparecer o causarnos problemas. Nos lo muestran las aflicciones, los duelos, las traiciones y los conflictos, ¡incluso el simple hecho de creer en lo humano! El terapeuta belga Siegi Hirsch lo demuestra en un artículo titulado «Hemos tenido que aprender a llorar sin lágrimas», que trata de su experiencia en los campos de concentración. Escribe que en los campos, por razones de supervivencia, convenía evitar establecer relaciones afectivas: «Otra cosa que aprendimos ahí dentro: jamás había que establecer relaciones, porque no se sabía nunca quién dormiría contigo mañana. Eran literas de tres pisos y quien estaba contigo nunca tenía la certeza de que estaría ahí al día siguiente. Lo cual quiere decir que era extremadamente dramático establecer una pertenencia, empezar una relación, ya que, si se hacía, se enfrentaba uno a un sufrimiento intolerable».

El sentimiento de existir es frágil, ya que reposa sobre una construcción que depende inexorablemente de las relaciones con otros, quienes pueden concedérnoslo o no. Hannah Arendt escribe: «La dignidad es el derecho a la vida, otorgado por la sociedad», lo cual significa que una sociedad puede rechazar o denegar este derecho. Este poder de reconocimiento, y por tanto posiblemente de destrucción, también lo tienen todos aquellos a quienes amamos, así como los grupos que nos aceptan en su seno, o que hemos contribuido a constituir.

Distinguiría dos situaciones problemáticas. La primera, cuando, al nacer, o en su infancia, un ser humano no ha recibido ese capital de confianza que le es debido y que consiste en ser reconocido, identificado, amado. La segunda, cuando a lo largo de la vida unos acontecimientos han llegado a desestabilizar, a poner en duda, esta construcción personal que es el sentimiento de existir.

El primer caso se da cuando un niño no es bienvenido a la vida: un hijo de más, no deseado, un nacimiento en un momento inoportuno, una madre deprimida, aislamiento materno, ausencia de un contexto familiar... A estos seres se les reconoce porque se pasarán toda su vida intentando obtener un reconocimiento, a sabiendas de que nunca lo obtendrán. Georges Simenon es un ejemplo. Por razones que ignoramos, la madre de Simenon siempre tuvo una predilección por su otro hijo, Christian, tres años más joven, quien, sin embargo, era un personaje poco brillante. Ella siempre consideró que era el más guapo, el más inteligente, el más dotado. A Georges le decía: «¿Por qué has venido [es decir nacido]?».

Toda su vida intentará, en vano, recibir el reconocimiento de su madre. La muerte de su hermano no cambiará nada. Se sabe que este último fue condenado a muerte «in absentia» después de la guerra, debido a su actividad de colaborador. Pudo huir gracias a Georges, se alistó en el ejercito francés y falleció en Indochina. Su madre siempre lamentará este fallecimiento, hasta el punto de claramente dar a entender a Georges que habría preferido que hubiera muerto él: «Qué pena que haya sido Christian quien haya muerto», decía.

Más tarde, cuando Georges Simenon ya tenía una carrera de escritor mundialmente reconocido, la invitó a su residencia. Una vez allí, ella se dedicaba a interrogar a los empleados de la casa para saber si recibían un sueldo, si la casa de verdad le pertenecía a la persona para la que trabajaban. Se vestía con sus ropas más pobres para mostrar su desprecio por el supuesto éxito de su hijo. El punto culminante fue cuando, en una de sus cortas y sobre todo acortadas visitas, le devolvió a Georges todo el dinero que este le había estado enviando durante años ¡y que ella nunca había tocado!

Simenon le dirá a su madre con amargura: «Todo el mundo me admira, excepto tú…». Incluso en su lecho de muerte, ella mantendrá esta actitud y le negará a su hijo el reconocimiento que tanto necesitaba.

Louis Althusser, el filósofo cuyo destino terminó tristemente tras estrangular a su esposa, parece haber vivido la misma situación. En sus Memorias, expresa el sufrimiento de una existencia regida por el fantasma primordial de no existir o, más bien, de no haber tenido el derecho a existir, debido a un no reconocimiento por parte de su familia.[9]

Según mi experiencia, el hecho de no haber obtenido este reconocimiento es un sufrimiento que jamás abandona a aquellos o aquellas que se encuentran en esa situación de mal amados, a tal punto que es difícil que renuncien a intentar obtener aquello que manifiestamente nunca obtendrán, por muy evidente que sea este imposible. Es muy difícil, por no decir imposible, renunciar a aquello que nunca se ha obtenido...

En cuanto a las vicisitudes de la vida, muchas pueden conllevar el desequilibrio de nuestro sentimiento de existir. Citemos unas cuantas.

El desamor. Pascal Quignard escribe: «No hay mayor humillación y desprecio que ya no ser amado...».[10] El dolor que engendra el desamor es frecuentemente una fuente de sufrimiento. Hay que recordar aquí que no hay que confundir dolor y sufrimiento: el dolor es una señal-síntoma, algo, un acontecimiento o similar, que irrumpe en nosotros, que crea una brecha. Pero el dolor no siempre causa sufrimiento. El sufrimiento es la consecuencia del dolor, pero el dolor puede también permanecer en ese estado y engendrar una reacción que lo suprima. Por último, en algunas personas el dolor puede engendrar placer. Pero el sufrimiento está claramente presente cuando nos enfrentamos con el desamor por parte de una persona cercana. Como decía una paciente tras una ruptura amorosa: «Me he sentido como borrada del mapa».

Las separaciones. Son frecuentemente la consecuencia del desamor. Cuanto más comprometida era la relación, y sobre todo cuanta más confianza había, más pueden alterar el sentimiento de existir de aquellos que las padecen.

El duelo. Pasa lo mismo con las situaciones de duelo, cuando desaparece una persona amada, a la que estábamos estrechamente vinculados, quien, con su mera existencia, nos hacía existir a nosotros mismos. Se puede hablar de duelo agravado cuando, además del vínculo que teníamos con ella, la persona desaparecida ejercía una función importante en un grupo al que también estábamos vinculados. He encontrado este tipo de situación en las familias, en las que la persona desaparecida era el pilar, aquel o aquella que agrupaba a la familia y le daba su sentido. En estos casos, lo que sucede con frecuencia es que la familia se dispersa, o bien los conflictos de transmisión empiezan a envenenar el ambiente. Al dolor de la pérdida, entonces, se le sobrepone el sentimiento de otra pérdida irremediable, la de una pertenencia familiar, fuente de identidad, de seguridad.

Problemas de pertenencia. Otro avatar, cuando una pertenencia en la que uno esperaba, deseaba, ser incluido, no concede su reconocimiento. Puede dejar huellas vivas, incluso puede alterar el sentimiento de existir, de forma duradera, en aquellos o aquellas que han sufrido ese rechazo. Es el caso, por ejemplo, de hombres o mujeres que jamás han sido aceptados o reconocidos plenamente por la familia de su pareja. O bien otros que se han visto rechazados por una pertenencia en la que se habría reconocido su competencia. Me sorprendió, por ejemplo, que a Claude Lévi-Strauss le doliera tanto no haber sido admitido como profesor en el Collège de France, dolor cuya huella aún estaba presente décadas más tarde, aunque ese rechazo solo fue temporal. Ser excluido de una pertenencia es a menudo una causa de depresión prolongada. Así se pueden comprender las consecuencias de la pérdida de una posición profesional, pues no se trata solo de la pérdida de una fuente de ingresos, frecuentemente se trata de una herida más grave, provocada por la pérdida de un soporte identitario importante. La herida será más dolorosa cuando el sujeto no tenga la culpa de haber sido despedido, situación frecuente hoy en día con la compra de empresas o con la reducción de plantilla para satisfacer a los accionistas.

Las migraciones forzadas, las pérdidas de nacionalidad y las diversas exclusiones forman parte de estas pérdidas de pertenencia tan perjudiciales. El drama de ciertos judíos alemanes nacionalistas es un ejemplo, antiguos combatientes que se vieron privados de su nacionalidad con pretextos engañosos.

Los conflictos de lealtad entre pertenencias también dan lugar a situaciones difíciles, por ejemplo cuando un cónyuge se ve obligado a elegir entre su familia de origen y su pareja. A algunos puede llevarlos a refugiarse bajo una etiqueta psiquiátrica, para evitar una elección demasiado difícil.

La soledad y la miseria. Estas engendran un sufrimiento parecido a los anteriores, en algunos casos unido al sentimiento de no tener cabida, de no ser reconocidos como parte de la sociedad que los rodea, o de haber dejado de serlo.

Los ataques a la persona

Un ser humano puede verse enfrentados a situaciones en las que su personalidad, su intimidad, su identidad son ultrajadas, atacadas, incluso destruidas, lo cual vulnera su convicción de tener el derecho, incluso el deseo, de existir. Puede suceder de diferentes maneras.

Los ataques morales. La injusticia, la burla, el escarnio, así como la calumnia o el desprecio, engendran un sufrimiento denunciado por Victor Frankl: «El suplicio moral, causado por la injusticia y por lo absurdo de ciertos maltratos, sobrepasa sin duda el dolor físico».[11] Son hechos que pueden provocar una rabia saludable, pero a veces recaen sobre la persona que los ha sufrido, provocando autoacusaciones. El encuentro con la vergüenza, la culpabilidad, la ira impotente puede, entonces, engendrar una desesperación mortal.

Los ataques corporales. La degradación física: las enfermedades o a la edad pueden diezmar ciertas funciones, limitar las capacidades de autonomía, llevando a veces a un cuestionamiento del sentimiento de existir. Freud se suicidó en 1939. Desde hacía algunos años, su cáncer de mandíbula le impedía asistir a congresos o dar conferencias. Era su hija Anna quien le vinculaba con el mundo exterior, ya que su cáncer de tipo necrótico desprendía un olor difícilmente soportable. Según Max Schur, amigo y médico personal de Freud, la decisión de suicidarse del padre del psicoanálisis está vinculada a que su perro, regalo de la princesa Marie Bonaparte y que no se apartaba nunca de su lado, ni siquiera durante sus consultas mientras aún las daba, se había negado a entrar en su habitación.[12] Con la pérdida de este vínculo perdió el deseo de continuar su existencia.

Las agresiones y otro tipo de violencias. No ser respetado en su cuerpo. Distinguiría dos situaciones: cuando el agresor o el autor de la violencia tiene una relación directa con la víctima, y cuando la violencia ha golpeado a ciegas. Naturalmente, en el primer caso se piensa en la violencia dentro de la pareja. La hay de dos tipos: a veces lo que provoca la violencia es el sentimiento de que el otro se está alejando, violencia para retener al otro; a veces, la violencia es ejercida para desanimar al otro, alejarle. Pero en el plano psicológico aparece otra situación más dañina, aquella en la que la víctima no tiene vínculo con quien ejerce la violencia. Es el caso de las violaciones cometidas por un encuentro desafortunado: esta violencia lleva por añadido una deshumanización, en el sentido de que la víctima no es elegida por la persona que es, sino por ser portadora de órganos femeninos. ¡Al agresor le interesa meramente esta característica parcial! Es un tipo de situación de violencia absoluta, que niega a la víctima su pertenencia al género humano, reduciéndola a un objeto de placer. Lo mismo se da en los casos de violencia sexual intrafamiliar, donde rara vez se trata de amor, sino de utilizar a un menor como objeto de placer. Paso ahora a desarrollar las situaciones más amenazantes para el sentimiento de existir.

Las deshumanizaciones. Solo hay dos formas de agrupar a las personas, dos lógicas constitutivas de los grupos: una lógica de elección, lógica de pertenencia, y una lógica de selección. ¿Qué diferencia hay? La lógica de elección lleva a decidir, a partir de un grupo de humanos, que otro humano es digno de pertenecer a nuestro propio grupo. La lógica de selección es muy diferente, ya que aquí se trata de aislar, de reagrupar a personas según una característica común, en grupos diferentes a aquel del que forman parte aquellos que deciden acerca de este reagrupamiento, a partir de un punto de vista externo. Así, el punto de vista sexista aísla en un grupo específico a «todas las mujeres», o a «todos los hombres». O se habla de «los extranjeros», dando a entender: aquellos que no forman parte de nuestro grupo. Del mismo modo, decidir que ciertas personas tienen un patrimonio genético defectuoso, bajo el pretexto de que se muestran «depresivos», apunta a la lógica de selección. Al incluirlos en una agrupación diagnostica decidida por los médicos, se les encierra con otros portadores del mismo síntoma, independientemente de la trayectoria que les haya llevado a expresar su sufrimiento de forma depresiva; por tanto, sin tener en cuenta que su origen puede ser muy diferente. Esta yuxtaposición de personas está justificada por un mero aspecto parcial.

Si la elección confiere una dignidad de pertenencia, la selección no lo hace en absoluto. En este sentido, la selección es una deshumanización mediante la cual unos sujetos o grupos se ven reducidos a un aspecto en particular, y no a su persona o a un conjunto de personas. Así, un comentario racista aísla a un grupo o a una persona que pertenece a ese grupo, por la suposición de que todas esas personas son portadoras de rasgos similares. Desgraciadamente, esta lógica es fácil de ejercer, ya que solo hace falta decir: «Todos son así...».

«La vida es la capacidad de preservar una diferencia», decía el biólogo Francisco Varela. Pero vemos que la lógica inclusiva desdiferencia, clasifica en categorías, desespecifica aquello que da lugar a la singularidad de cada ser humano. No sentirse reconocido en su diferencia, en su propia identidad, es una fuente de sufrimiento. Una frase tan simple y banal como: «Sin duda esto se le ocurrió a una mujer (o a un hombre)» es una fuente de malestar en la medida en que encasilla, por representar una clasificación. Vemos lo que puede provocar esta lógica de selección cuando afecta al derecho más elemental, el respeto de nuestras diferencias, a lo que también nos podemos referir con términos como identidad o intimidad, un derecho reconocido por la Declaración Universal de los Derechos Humanos, cuyo primer artículo comienza así: «Todos los seres humanos nacen libres e iguales en dignidad y en derechos».

Todas estas dificultades engendran un sufrimiento ligado a nuestra convicción de que «eso no debería haber sucedido».* Es totalmente inaceptable, en función de la imagen que tenemos de nosotros mismos. El hecho de tener que soportar un destino injusto hace la vida imposible.

Dicho de otra forma, se trata de acontecimientos incompatibles con la idea que nos hacemos de nuestra propia dignidad. Aquí se ve la estrecha relación entre esta construcción, la de nuestro sentimiento de existir, y la noción de dignidad. Un cambio de contexto puede alterar, incluso destruir esta creencia. Hay una relación entre la concepción que tenemos del derecho a tener una dignidad personal y la dignidad acordada, autorizada, reconocida por el contexto relacional, social, de pertenencia. El sentimiento de existir peligra seriamente cuando unos acontecimientos ponen en duda, o incluso destruyen, esta convicción. Es comprensible que pueda conllevar a ideas suicidas: «Cuando ya no se tiene el derecho de ser un hombre, sólo queda la muerte».[13]

Marie-Georges Simenon, hija de Georges Simenon y de quien hablaremos más adelante, escribe, en la carta dirigida a su padre, anunciándole su intención de suicidarse: «He perdido mi dignidad, la única cosa que le da sentido a la existencia». Solo podemos acompañarla en su expresión de su sufrimiento: todas las situaciones anteriormente descritas pueden ser enten-

---

* *Das dürfte nicht sein*, frase dicha en una entrevista a Hannah Arendt y proyectada en bucle en el museo judío de Berlín, en relación con la Shoá.

didas como ataques a la dignidad de esas personas. Esos ataques afectan a la dignidad, porque derrumban ese vínculo entre nuestra intimidad y el mundo externo. Es un ataque a aquello que quizás sea lo más intimo de nosotros: la convicción de que el vínculo entre nosotros y nuestro contexto conyugal, familiar, nacional, es estable y seguro.

En todas estas situaciones ronda la muerte. El suicidio es el hecho de matar a la vida porque uno ya se siente muerto, muerto en la medida en que ya no le encuentra sentido a la existencia. ¿Será esta la única salida? Parece que estas experiencias dolorosas nos llevan a lo más profundo de nuestro ser. Encontramos una forma de libertad, aquella que nos exige decidir nuestra suerte. No hemos de menospreciar que el hecho de encontrarse en situaciones como estas ha llevado a algunos a crear obras de arte importantes. Cuando uno toca la desesperación, no está lejos de lo sublime, que es su cara oculta.

4. Lo sublime
y la desesperación

Estas situaciones dolorosas nos confrontan con el «desnudo de la vida». Son la libertad, en el sentido de una ruptura con aquello que era nuestra armadura, eso que, al fin y al cabo, no era más que una construcción, un sueño en el que creíamos que nuestro entorno relacional, nuestras pertenencias, eran lo que nos merecíamos o una adquisición definitiva. Esta libertad engendra la necesidad de elegir para sobrevivir o volver a vivir. ¿Qué elecciones tenemos? Cuando una persona se enfrenta con la pérdida de su sentimiento de existir, se le abren dos vías extremas, que, sea cual sea la causa, son: lo sublime y la desesperación.

Una huida por lo alto

«Nadie jamás ha escrito, pintado, esculpido, modelado construido o inventado sino para, en realidad, salir del infierno».[14] Lo sublime es una huida por lo alto, es recuperar el sentimiento de existir a través de una creación, de una obra de arte, es una forma de evadirse del sufrimiento de la realidad. Según el talen-

to y los recursos de cada uno, esto puede traducirse en la creación de una obra de arte, una inmersión en un ambiente místico,
aunque también puede llevar a la locura, que es otra forma de
sublimar el sufrimiento; la convicción de haber sido elegido
para un destino particular, creerse marcado por un destino divi-
no, político o similar, puede conducir hasta el delirio. Asimismo
se puede alcanzar lo sublime por delegación: una forma de
hacerse existir, cuando hay dificultades, es refugiándose en la
ensoñación, en una vida fantasmagórica, a través del destino
de las estrellas, de la realeza, heroínas, deportistas célebres...

Ejemplificaré la elección de lo sublime presentando a algunas personas que, gracias a su talento, han logrado utilizar
la expresión artística para escapar de la angustia existencial.
He elegido a artistas que se enfrentaron a dramas de separación, quizá porque la separación es un aspecto central de nuestra práctica como psicoterapeutas. Esencialmente se solicitan
nuestros servicios por razones relacionadas con las separaciones, ya sea para evitarlas (las parejas), o para favorecerlas (relaciones entre padres e hijos), o para acompañarlos (duelos,
exilio). Quizá también sea porque se puede intuir que hay un
vínculo entre el drama de la separación y la belleza. ¿Es casualidad que sobre todo se recuerden las separaciones? ¿Y que uno
se sienta morir cuando se enfrenta a una separación? «¿Por qué
solo se siente el amor a través de la violencia de la pérdida?»,
escribe Pascal Quignard. «Porque su fuente es la experiencia
de la pérdida. Nacer es perder a la madre, es abandonar el hogar de la madre, se pierde su rastro, toda pérdida conmemora
el amor como en el primer instante. Defino como amor la violencia de la oscuridad perdida».[15]

Siguiendo con esta idea, ¿acaso el arte no es esencialmente un arte de la separación? El primer trazo sobre un lienzo, el primer toque de color, la primera letra sobre el papel son separaciones. Qué representa crear para un artista, si no separar, es decir, intentar lo imposible: representar la separación o, dicho de otra forma, lo irreversible, lo irreparable, lo irremediable. Pero toda creación se le escapa a su creador, se separa de él, puesto que nos es ofrecida.

Si me ha parecido de interés traer a colación obras de artistas marcados por la separación, no es, pues, solo porque son artistas, sino porque se han enfrentado personalmente a unas separaciones dolorosas en su existencia: separación de pareja, muerte de una persona cercana. He elegido dar la palabra a tres obras de contemporáneos una novela de Dan Franck, *La Separación*, una creación de Sophie Calle, *Dolor exquisito*, y una serie de cuadros, creaciones de un pintor suizo, Ferdinand Hodler.

Desde las primeras páginas de la novela de Dan Franck[16] se presenta el tema de forma definitiva: presenciamos una separación originada por un ataque a un ritual de la pareja. Una de las formas más eficaces de destruir a una pareja es atacando sus rituales. Estos pueden definirse como comportamientos íntimos, que tienen la función de reforzar el sentimiento de pertenencia. Uno de los rituales de esa pareja era que tenían la costumbre de cogerse de la mano cuando asistían a un espectáculo. Escuchemos el relato de Dan Franck:

«Ella está sentada a su lado [...]. Habitualmente, ella posa su cara sobre el hombro de él, observa su perfil y se burla tiernamente de su concentración. Esa noche, nada.

»Él toma su mano. La palma lánguida en la suya. Ningún movimiento de dedos, ni la más mínima presión. Una piel muerta. [...] Ella se crispa, intenta retirar su mano presionando su pulgar, pero él la retiene... Él aprovecha la distensión para introducir su propio puño en su palma abierta, obligándola al contacto con un movimiento que arrastra el anular hasta bloquear al meñique y, de esta forma, deshace suavemente sus falanges y desliza las suyas, dobla la extremidad sobre el dorso de la mano y aprieta un poco, sus dedos entre los suyos, en la postura de quien ama y es amado, en los primeros días, caminando en un bosque en primavera, bajo un cielo diáfano y los pájaros.

»Ella dice con voz baja exasperada: "Pero déjame mirar la obra!". Luego se separa bruscamente y se aleja, apoyada en el lado opuesto».

Es asombrosa la forma minuciosa, casi obsesiva, con la que Dan Franck describe extensamente ese momento doloroso, en el que emerge la concienciación de que una relación se ha perdido irremediablemente.

En efecto, la destrucción de la pareja resulta irreversible. Dan Franck ha escrito novelas, y también escenas de películas y dibujos animados. Además, se ha implicado en contra de todas las causas que aíslan, exilian, marginan, victimizan. Milita, por ejemplo, en la asociación Derecho a la Vivienda. Da la sensación de que, para él, la separación es inaceptable, aunque no se sepa quién la ha provocado. Es inaceptable, lo describe así, lo detalla con precisión y nos lo ofrece.

En cuanto a Sophie Calle, es una artista plástica, fotógrafa, escritora, cuya obra la refleja esencialmente a ella misma en su forma de relacionarse con el otro y que, sobre todo, deja entrar al otro en su obra. A menudo invita a desconocidos a participar en sus creaciones. Es famosa por sus acciones espectaculares: una de sus primeras obras consistía en seguir a un desconocido por París, fotografiándole por detrás y acompañándole clandestinamente, lo cual la llevó hasta Venecia. También dejó dormir en su cama a desconocidos, sin ella, para fotografiarlos mientras dormían. Logró que la contrataran para trabajar en un hotel como mujer de la limpieza, y fotografiaba, cuando los huéspedes estaban ausentes, aquello que representaba su intimidad en el desorden que dejaban en la habitación. Es una especialista de lo íntimo y de la separación.

Uno de sus trabajos se titula *Dolor exquisito*. La palabra «exquisito» ha de entenderse en el sentido médico, que califica un dolor vivo y claramente localizado. Esta obra consta de dos partes: 92 días antes de una ruptura amorosa dramática, y 99 días después. La primera parte del libro se titula «Antes del dolor» y la segunda, «Después del dolor». En la primera parte, Calle relata un viaje que la alejó de su amante. Es alguien de quien estaba enamorada desde que tenía diez años, un amigo de su padre a quien había convencido para que se enamorara de ella. Obtiene una beca del Estado francés para hacer un viaje de estudios a Japón. Decide tomar un medio de transporte lento para llegar a Japón. Envía textos a su amante contándole su viaje. Sabe que, al término de esos 92 días, se encontrarán en Nueva Delhi. Poco antes de volver a verle, escribe: «Queda un solo día, jamás he estado tan contenta, me has esperado».

Al día siguiente recibe el siguiente telegrama: «M. no puede reunirse en Delhi, razón accidente en París y estancia en hospital. Contactar Bob en París. Gracias.» Bob es su padre, médico, oncólogo, con quien logra contactar por teléfono tras varias horas. Él le revelará que el accidente no es más que un simple grano, y, todo ello, una forma poco valiente por parte de M. de anunciarle que ha decidido no reunirse con ella. Ella está desesperada, ya que comprende que él ha iniciado otra relación. Vuelve a Francia destrozada y decide afrontar su sufrimiento. Escribe lo siguiente: «De regreso en Francia, el 28 de enero de 1985 he elegido, como forma de conjuro, hablar de mi sufrimiento más que de mi viaje. En compensación he preguntado a mis interlocutores, amigos o encuentros fortuitos: ¿Cuál ha sido tu momento de mayor sufrimiento? Este intercambio terminará cuando yo haya agotado mi propia historia, a fuerza de contarla, o bien de relativizar mi pena frente a la de los demás. El método ha sido radical, en tres meses me había recuperado».

En todas las páginas de la izquierda de su obra figura, repetida de forma obsesiva, la narración de su sufrimiento, pero los caracteres blancos se tornan grises hasta fundirse en el negro y desaparecer al cabo de 99 días. En la página de la derecha figuran textos de personas a las que interrogó una a una, preguntándoles qué les causó el mayor sufrimiento a lo largo de su vida. La conclusión: «Hace 98 días, el hombre que amaba me abandonó, el 23 de enero de 1985, habitación 261, hotel Imperial Nueva Delhi, ya basta».

El pintor Ferdinand Hodler, nacido en 1853, vivió una trayectoria personal dolorosa. Tuvo una infancia difícil, marcada por numerosos fallecimientos. Toda su familia se vio diezmada por la tuberculosis. Su padre murió cuando Hodler tenía ocho años, su madre cuando tenía quince y perdió a todos sus hermanos y hermanas. Es el único superviviente. Su relación con el arte era totalmente vital. Su primera mujer, Augustine, le dio un hijo. Él la deja y un día averigua que está muy enferma. Se apresura y la acompaña en su agonía hasta que fallece, al cabo de un día y medio. Durante ese día y medio hace unos esbozos y varios cuadros, que muestran progresivamente cómo Augustine se apaga. Otras formas en que manifiesta su relación con la muerte, marcada por su infancia: representa a un campesino en su lecho de muerte, su mejor amigo que fallece y del que hace el retrato póstumo. La compañera más importante de su vida es Valentine. Ella enfermará, manifiestamente afligida por un cáncer que poco a poco la debilita. Su agonía durará un año y medio. Hodler no se alejará de su lado en ningún momento y, durante ese período, hará cientos de croquis, decenas de cuadros, unos diseños magníficos que acompañarán a Valentine desde el inicio de su enfermedad hasta su lecho de muerte.

Franck, Calle, Hodler: sus obras están doblemente marcadas por la separación; el hecho de crear en sí ya implica una separación y son creaciones que están ligadas a una necesidad, la de enfrentarse a unas separaciones dolorosas.

Mas no se trata simplemente de testimoniar el sufrimiento; se trata de afrontar el dolor, una tentativa de sublimarlo. Una cita de Dan Franck muestra claramente la diferencia: «[Él] recuerda a A.F., una de sus amigas, escritora también, que falleció de un cáncer… Su amiga decía que combatía la muerte como lo había hecho su padre (muerto en un campo de concentración) antes de someterse a ella. Él siente, comprende esa necesidad de no evadirse, de poner el dedo sobre la llaga y de, así, combatirla. Desesperación contra desesperación, al desnudo. Es la razón por la que escribe».

El hecho de crear, cuando se sufre siendo un artista, parece bastante lógico. Enfrentarse al dolor, escribir, pintar, expresar con música su sufrimiento es un proceso que alivia, exterioriza, fija, permite contemplar el propio dolor como si estuviera fuera de uno mismo. Lo que me ha sorprendido es el proceso posterior, que consiste en hacer público un sufrimiento privado. Que Hodler pueda sufrir con la inminente desaparición de sus amadas y que este sufrimiento se exprese a través del medio que mejor conoce, eso no es sorprendente. Pero ¿por qué firmar sus obras? Si se trata de un sufrimiento íntimo, su procesamiento solo le concierne a él. Al igual que los líos amorosos de Sophie Calle o de Dan Franck que son quizá tristes, pero no nos conciernen. ¿Por qué publicarlos? Es ahí donde se distingue al artista. Nada le pertenece. La firma es el beso de despedida, aquel que separa al artista de su obra, la cual se vuelve *res publica*, cosa pública.

Crear implica dos tiempos: un tiempo íntimo, en el que el artista se habla a sí mismo, y un tiempo público, la separación, la separación de la obra que, a partir de ahí, dispone de una vida autónoma. Pero hay un precio que pagar. Quignard lo expresa muy bien: «El arte se hace solo, es *absolutus*, y cuanto más las obras expresan ese mundo que lleva a la luz, más aíslan a quien las ha hecho y que no es estas». El acto de crear conlleva un quedarse solo, una soledad. Pero, entonces, ¿por qué ofrecer al mundo esas creaciones si llevan a la soledad?

Para Elias Canetti, ese paso, en el que uno se ofrece al mundo, es inherente a la condición de artista, sea cual sea el riesgo que implique hacerlo. Porque conlleva riesgos: el riesgo de desposeer el propio sufrimiento, el riesgo de una ausencia de reconocimiento, que de por sí será fuente de sufrimiento. Hodler fue martirizado por la crítica ginebrina, acusado de ver la fealdad, de hacer una obra de locos; el alcalde de Ginebra le marginó por obscenidad, el director del museo de Zúrich le expulsó. Sophie Calle sufrió durante mucho tiempo por la falta de reconocimiento en su país de origen. Como dice Canetti: «en el arte todo está aún por llegar. No basta con tener algo o con estar en alguna parte. Hace falta hacérselo ver a los demás. Esa es la clave».[17] El arte es exponerse. Por eso firma el artista. ¿Por qué firmar si la obra sige siendo aquello que la suscita, la expresión de un sufrimiento íntimo? No hay nada más íntimo que el dolor de la separación. Desde el primer momento, el artista se dirige a terceros. Convoca al mundo. Incluso al representar el dolor más vivo, esa expresión estética, esa búsqueda de lo bello, la obra, no es un grito desnudo. Es arte, por tanto, una tentativa de fascinar al otro, de cautivarlo, de atrapar su atención, su mirada, a través de la belleza, del ritmo, del rito. Citemos a Hodler: «Aceptar la muerte con plena conciencia, de forma totalmente voluntaria, he ahí lo que puede dar lugar a grandes obras». El arte es separación. Es lo que permite continuar. «Sigo porque nunca he llegado a lograrlo», decía el pintor Francis Bacon en 1954 en la televisión suiza-francesa.

El artista nos permite percibir que el dolor, en efecto, es fuente de sufrimiento y, al mismo tiempo, un objeto de fascinación, ya que nos hace sentir lo irreversible, lo irremediable, la desesperación, pero también nos permite sentir de forma muy cercana lo que es existir, ese sentimiento de existir que quizá no es consciente, preciosamente consciente, más que en aquellos instantes en los que se manifiesta su fragilidad. El biólogo Humberto Maturana dice: «Sin la muerte solo queda la muerte». Podríamos parafrasearle sin traicionarle: sin la separación solo queda la muerte. Un paciente me reveló lo siguiente: «Tengo ocho años, estoy en la parte trasera del coche, mis padres están delante, mi padre al volante. El coche se para en un cruce ferroviario. Veo a mi derecha un montón de piedras que probablemente dejaron ahí unos obreros. Lo miro intensamente y pienso: nunca más volveré a verlo. Con toda probabilidad veré muchos otros montones de piedras en mi vida, pero este nunca más. No estoy triste, es simplemente una constatación. La constatación del nunca más, de lo irreversible de la separación. Cuando el coche se pone de nuevo en marcha, se acabó. Siempre recuerdo ese momento y la certeza de que no podía hablar de ello con mis padres, pues les apenaría. Ha sido mi secreto». Para ese niño, ese montón de piedras no es más que el equivalente de lo que busca nuestra mirada de adultos en una obra de arte, lo que vincula, lo que une, lo que separa.

Elias Canetti sufrió numerosos exilios, numerosas separaciones de su lengua materna y de su madre. Dice: «¿Di qué juego perverso has practicado siempre con las separaciones? [...] ¿Vivir en peligro? ¿Puede haber vida más peligrosa que la de las separaciones? [...] Quien necesita su aire propio, quien solo en él puede pensar, se lo procura mediante el recurso atroz de las separaciones. Es lo que ahora haces con la niña en su más tierna infancia; para poder estar con tus pensamientos, la acostumbras a las separaciones. [...] ¿Y si no existiera la muerte, con qué se remplazaría el dolor de la separación? ¿Acaso es esta la única virtud de la muerte? Satisfacer esa necesidad nuestra del más grande de los sufrimientos, sin la cual no mereceríamos ser llamados hombres».[18]

Una forma de hallar el sentimiento de existir, o de repararlo, es dejando huellas. Si no es creando una obra de arte, puede ser teniendo un hijo, construyendo una casa, plantando un árbol, dejando una fortuna… De ahí la proliferación extraordinaria de libros, de memorias, de blogs, de producciones de todo tipo, cuya función es la de hacernos existir en la mirada de otros, de darnos un lugar social reconocido. Toda creación es separación. El problema es, pues, la separación. Una vez que la obra está terminada, sea cual sea, un libro, un cuadro, ya no nos pertenece, lleva una vida autónoma…

Este es el drama del creador: su creación solo le alivia temporalmente, ya que no está destinada para él. Una vez acabada, solo queda volver a empezar.

Desesperación

La otra cara oscura de lo sublime es la desesperación. Ambos parecen estar íntimamente vinculados. Prueba de ello es el discurso de Dido «Thy hand Belinda» en *Dido y Eneas* de Purcell, uno de los cantos más bellos que podemos escuchar. Habla de muerte, de separación, de olvido. Dido se suicida tras la partida de Eneas* y sus últimas palabras son: «No me olvides,

---

* Una de las más bellas versiones es la de Jessye Norman acompañada por la English Chamber Orchestra.

pero olvida mi destino». Hacerse existir después de la muerte, ¿no es este el último recurso para combatir la desesperación? Pero también se puede matar con el mismo fin. He elegido dos testimonios muy diferentes de entre los desesperados de la existencia, dos seres que sacaron conclusiones opuestas en cuanto a su convicción de que su existencia no tenía sentido: Marie-Jo Simenon y Louis Althusser.

Matarse

La cuestión del suicidio surge cuando la desesperación parece la única vía posible. ¿Pero qué es la desesperación? La respuesta que me parece más adecuada es la que he extraído de la última carta de Marie-Jo Simenon, ya citada, donde expresaba: «He perdido mi dignidad, la única cosa que le da sentido a la existencia». El suicidio sería, pues, el remedio para la desesperación; desesperación vinculada al sentimiento de haber perdido la dignidad de humano, de sujeto, de aquello que puede crear un arraigo sobre la Tierra, el sueño de existencia y de existente.

Marie-Georges Simenon, a quien llamaban Marie-Jo, merece que nos detengamos en su caso por su coraje, su determinación, su clarividencia, su sinceridad. Su última carta nos servirá de guía. Es un documento excepcional, tanto por su calidad estilística como por el testimonio que nos aporta de lo que puede ser la desesperación. Conocemos esta carta porque su padre, Georges Simenon, a quien estaba dirigida, más bien diría destinada, la publica en una obra autobiográfica paradójicamente titulada *Memorias íntimas*,[19] que dedica a su hija. Su libro es una tentativa de buscar las razones para su acto y a la vez de justificarse, es decir, de escapar de un sentimiento de culpabilidad siempre presente. Hace dos años que su hija ha fallecido, cuando Georges Simenon dicta ese documento, ya que tiene setenta y siete años y, por su estado de salud, ya no puede escribir. He aquí algunos extractos de esta carta:

«Mi viejo gran Dad que amo, acabo de hablar contigo por teléfono, quería estar segura, antes de irme para siempre, de que estabas bien, que eras feliz y que no estarás demasiado apenado... Me voy porque ya no sé luchar... He soñado demasiado... Poco a poco, he perdido mi dignidad, la única cosa que le da sentido a la existencia... Retomo una frase que escribiste en «los otros» y que me impactó: "Era demasiado ambiciosa para serlo"... Cuando la recibas, no dejes de decirte que al fin estaré muy cerca de ti, en paz y sin lamentarme. Me habré convertido de nuevo en tu niña pequeña que, tomados del brazo bajo el sol, se iba contigo hasta el bar del Burdenstock. La niña pequeña de Tenessee Walls. Recuerda solo esto de mí, todo lo demás olvídalo. Es mejor». Luego enumera todo aquello que, según ella, hace existir: «Y sobre todo sé feliz, sigue viviendo, saboreando cada minuto que pasa con toda la sensualidad que tienes. En esto consiste la vida, el sol sobre la piel desnuda, una mirada de un paseante que se cruza en el camino, el olor de una ciudad que se despierta, dos cuerpos que se funden sin falso pudor», y aquello que ella no logró: «Nunca supe realmente hablar con una persona. Ahora hace falta que saque el coraje de mi cobardía, mi cobardía de vivir [...] soy inútil. Entonces para qué vivir solo para mí, luchar para vivir en este mundo que me angustia y ante el que me siento tan indefensa». Contrapone el dolor de su existencia a la construcción que su padre ha hecho de esta: «Me sorprendo soñando con la existencia que tú te has construido». Termina explicando qué es aquello que le impide construir su propio sentimiento de existir, que es el amor pasional, exclusivo, que siente hacia su padre. Uno no puede construirse basándose en una sola relación, sobre todo si esta es desesperada: «Dad, te he amado más que a nada en el mundo, te lo repito una última vez. Créeme, te lo suplico. Eras mi única razón de existir… Además de mi Dios, a quien rezaba a menudo, tú eras mi Dios concreto, la fuerza a la que yo me agarraba. Aún lo eres, lo serás para siempre».

Para comprender este drama han de ser presentados los protagonistas. El primero es Simenon, un autor con un éxito extraordinariamente prolífico. Era belga, valón, nacido en el seno de una familia muy modesta. Su padre murió bastante pronto. El joven Simenon tiene que apañárselas solo. Su primer trabajo es de recadero para un partido de extrema derecha, luego es contratado por un señor como secretario particular. Ese hombre le relaciona con personas bien situadas. Poco a poco, Simenon se pone a escribir y, de pronto, descubre que tiene un talento considerable. Comienza con novelas, cuentos; escribe a un ritmo desenfrenado, varios cuentos al día. Primero le publican en pequeños diarios, luego en periódicos más importantes, después empieza con las novelas, y un buen día crea a Maigret, lo cual le aporta éxito internacional y la fortuna.

Simenon tenía otra habilidad nada banal. De joven tenía hambre, hambre de vivir y hambre en general, hambre de dinero y, sobre todo, hambre de sexo, de mujeres. Es un señor que desde muy joven menciona este interés, yo diría que carnívoro, por la carne femenina. No puedo llamarlo de otra forma, pues no se puede decir que Simenon fuera un gran sentimental en sus actividades sexuales. Mostraba una discrepancia entre el afecto y la vida sexual[20] —al parecer, a menudo con personas de sexo masculino—. Afirmaba haber tenido relaciones sexuales con diez mil mujeres en su vida. En general tenía varias relaciones sexuales al día, con diferentes mujeres. Algunas aceptaban por amistad o por afecto, otras eran mujeres a las que pagaba.

Simenon se casó dos veces. Su primera esposa era una persona psicológicamente estable, caso que no se daba con la segunda, la madre de Marie-Jo. La conoce en Nueva York, cuando anda buscando una secretaria particular. Le presentan a Denyse. Según él, la joven mujer no es de su gusto: tras convencerla rápidamente de que se acueste con él, comprueba que, además de delgaducha, tiene una gran cicatriz en el vientre. Pero ella le pone ante un desafío sexual, pues empieza a dudar de haberle proporcionado el placer que él contaba con darle: «Estaba desnuda, más flaca de lo que me esperaba, tenía los senos de una chica muy joven y una gran cicatriz de un rojo casi vivo atravesaba su vientre. Me lancé sobre ella y apenas la había penetrado empezó a gemir, todos sus miembros temblando. Los gemidos se convirtieron en gritos y seguro que la podían oír desde la habitación contigua. Finalmente, cuando los espasmos la sacudían, sus ojos se pusieron en blanco y casi me asusté. Había conocido a muchas mujeres, pero jamás había visto gozar de esta forma. Por un instante me pregunté si sería real». Simenon llega a la conclusión de que sus profesores anteriores a él, en materia de amor, habían sido pésimos. Por tanto, su primer objetivo será hacerle conocer el gozo.

Pero Denyse le presenta un segundo desafío, que tiene que ver con el sentimiento de existir. «Cuando llegué ayer a Nueva York, tenía la idea de suicidarme. Veras, hace tiempo que me persigue esta idea. [...] Sé que he fracasado en la vida, que no valgo para nada, que los hombres me tratan como un juguete...». Súbitamente Simenon se siente responsable, se siente llamado a hacerla disfrutar, a hacerla existir. Comienza entonces un juego peligroso, ya que Denyse comprende muy rápidamente que lo que a él le atrae de ella es la necesidad de repararla. Misión imposible. La carrera de persecución –Simenon intenta que sea feliz, ella se niega– se transforma en un descenso a los infiernos. Denyse se muestra excesiva en todo, en gastos, en alcohol. Él dice varias veces: «Debí haber intervenido, pero no podía porque me había propuesto hacerla feliz». Ella se hunde en un alcoholismo nada mundano, y le arrastra a él con ella. Él dice: «No puedo dejarla beber sola».

No obstante, ella tiene cualidades, una de ellas, Denyse lo dirá en seguida, es que no es celosa. No solo cierra los ojos en cuanto a las actividades sexuales anexas de Simenon, sino que además las apoya. Mejor aún, le busca mujeres y participa de vez en cuando en sus jugueteos. Acuden a casas especializadas, o tienen relaciones sexuales con una o dos mujeres, según se tercie. Todo esto concluirá de forma muy negativa, pero mientras tanto tienen hijos. Primero chicos, que no darán demasiados problemas. Luego tienen una hija.

El sueño de Simenon era tener un hijo que llevara su nombre y apellido. Pero su hermano ya le había dado su nombre a uno de sus hijos. Cuando nace esta hija, Simenon le da entonces un nombre difícil de llevar: Marie-Georges, a quien todos más tarde llamaran Marie-Jo. Marie-Georges desata en Simenon una reacción pasional. Desde que es un bebé, él ve en sus ojos una demanda de amor imposible de colmar. Muy pronto obtendrá prueba de ello, con un incidente que sucede cuando Marie-Georges tiene un año y medio. Antes de que la niñera la sacara a pasear, Simenon siempre iba y le daba un abrazo. Un día, mientras conducía por delante de su casa, ve a la niñera sacando el cochecito de bebés. Se dispone entonces a parar su vehículo para ir a abrazar a su hija, pero justo en ese momento viene un coche en dirección contraria. Por no arriesgarse a poner en peligro el cochecito de niños, decide pasar de largo. Cuando vuelve a su casa dos horas más tarde, encuentra la vivienda conmocionada. Ha venido el médico, Marie-Jo está como un cadáver, en un estado hipotónico total, sin explicación somática alguna. El médico tiene una idea genial: coge a Marie-Jo, la pone en los brazos de su padre y ella entonces se despierta, alegremente, como si le hubiera hecho una jugarreta a su padre. Él lee en su mirada: «¡Ah, te la jugué!», y todos, incluida la niñera, acaban por decir que el incidente sucedió porque ella vio pasar a su padre y este no se paró. Marie-Jo resucita gracias a su padre. Entre ellos surge un vínculo extremadamente fuerte. Se ve claramente como Simenon se hacía existir a sí mismo arreglándoselas para que la existencia de otras personas dependiera de lo que él pudiera aportarles. El problema está en que, haciendo esto, las condenaba a ser siempre dependientes. Ya sea Denyse o Marie-Jo, ambas comprendieron que el interés que suscitaban en Simenon se debía al hecho de que nunca lograba repararlas enteramente.

Marie-Jo va creciendo. Cuando tiene ocho años sucede algo importante. Mientras paseaba con su padre por las calles de

Montreux, se paran delante de una joyería y ella entra en éxtasis. Él le pregunta qué quiere, ella señala un anillo de alianza. Quiere «eso». Simenon se lo compra. Naturalmente, el anillo no es de su tamaño. Simenon hace achicar el anillo nupcial al tamaño del dedo de Marie-Jo. En su última carta, ella expresará el deseo de que no le quiten esta alianza después de su muerte.

Pasan los años. Marie-Jo no siempre es fácil, un poco introvertida, sensible, muy curiosa en lo referente a las relaciones entre sus padres. Simenon está convencido de que ella escucha detrás de la puerta cuando él hace el amor con su madre. Denyse se alcoholiza cada vez más y sus relaciones con Simenon se van degradando. En el peor momento, Denyse tiene comportamientos erráticos. No logra dormir. Necesita absolutamente a alguien que la escuche y, cuando no es su secretaria, toma a su hija como confidente. Esto puede durar toda la noche. Parece ser que más allá de la violación psíquica a su hija, al confiarle cosas sobre su sexualidad de pareja, la madre de Marie-Jo también se dedicara a toquetearla. Además, Marie-Jo fue violada por un amigo de su hermano, un hombre ya maduro, cuando tenía catorce años. El hombre lo niega, por lo que este hecho no es reconocido por su entorno. Sus padres se separan poco después, cuando un nuevo personaje entra en la vida de Simenon. Es Teresa, según él una mujer maravillosa, antigua secretaria de Denyse, con quien Simenon naturalmente tiene relaciones sexuales, pero que desempeñará un papel muy diferente al de Denyse, en el sentido de que, esta vez, será ella quien cuide de él. Será una amante, a la vez que una enfermera y una secretaria.

En este contexto altamente erotizado, muy pronto Marie-Jo presenta síntomas de malestar existencial, adoptando rituales de lavado de manos. Más tarde tendrá grandes dificultades en sus relaciones amorosas, lo cual no es sorprendente. Pero permanece enfermizamente enganchada al amor que siente por su padre. Están en contacto casi a diario, ya sea por carta o por teléfono. Una escena muy determinante tendrá lugar cuando Simenon tiene casi setenta y cinco años y ella veinticinco, es decir, poco antes de su suicidio. Marie-Jo irrumpe una noche en la vivienda de su padre y lo encuentra en compañía de Teresa. Monta una escena de celos violenta, exigiendo que le explique por qué vive con Teresa y no con ella. «¿Por qué ella y no yo?». Simenon le explica: «Sabes, la relación que tengo con ella no es simplemente de amistad, también tenemos una vida sexual». Marie-Jo replica: «¿Y qué? Todo lo que puede hacer ella, también lo puedo hacer yo». A partir de ese momento, Marie-Jo multiplica las tentativas de suicidio. En todo momento está bajo seguimiento psiquiátrico y con un psicoanalista. Un día, al no responder al teléfono, uno de sus hermanos se inquieta y fuerza su puerta. Marie-Jo está muerta. Se ha suicidado con una pistola 22 de una bala, de libre venta en aquel entonces. La carta dirigida a su padre está remitida así: «Estrictamente personal, a entregar al Sr. Simenon, 12 avenue des Figuiers, 1012 Lausanne, Vaud, Suiza». Le llegará después de su muerte.

Marie-Jo tenía veinticinco años. Siguiendo sus deseos es incinerada con el anillo nupcial que le ofreció su padre. Simenon esparce él mismo sus cenizas en el jardín, bajo la ventana de la habitación en la que habitualmente escribe.

«Destruyo, luego existo»

Destruir, mutilar, aniquilar, torturar: he aquí una forma de hacerse existir que alude a la perversión, pero también a la influencia que se puede ejercer sobre objetos o sobre seres vivos. Este comportamiento no es poco común, en absoluto. A veces toma la forma de: «Destruyo aquello que nunca me pertenecerá». Es el caso de los crímenes pasionales y el vandalismo. A veces toma una forma que justifica el racismo: «¡Destruyo, por tanto soy un superhombre, muy superior a esas larvas!».

Un testimonio particularmente importante, excluyendo el del marqués de Sade, es el del filósofo Louis Althusser, quien acabó estrangulando a su esposa, lo cual expone en sus memorias escritas poco antes de su muerte.[21] Este texto es de interés por la convicción que expresa Althusser de jamás haber existido. Vincula su acto directamente con este sentimiento, hasta el punto de convertir la fórmula *destrugo ergo sum* («destruyo, luego existo») en su lema personal. El origen de este sentimiento –de jamás haber existido– se debe, según él, al hecho de que su madre nunca viera en su hijo nada más que a un avatar, al sustituto de un muerto, en concreto de su tío Louis, de quien lleva el nombre y que desapareció en Verdún durante la I Guerra Mundial, a bordo de su avión. Louis, de quien ella estuvo enamorada hasta el día de su muerte, aunque se casó con su hermano Charles, que tomó su lugar. De hecho, fue un enlace acordado por las dos familias, que decidieron casar a las dos hijas de la una, Juliette y Lucienne, la futura madre de Louis, con los dos hijos de la otra, Charles y Louis. He aquí, pues, dos parejas predestinadas por sus dos familias: Louis y

Lucienne, Charles y Juliette. Pero el destino decide otra cosa: Louis muere en la guerra. Charles da la noticia a ambas familias y, aunque está destinado a casarse con Juliette, es a Lucienne, la prometida de Louis, a quien elige. Lucienne acepta, aunque le echará en cara durante toda su vida el haber remplazado a su hermano, a quien ella idealizaba.

Parece que Lucienne tenía, además, otras razones para no apreciarle: Charles resulta ser un padre indiferente y un marido mediocre. Al menos es lo que da a entender Althusser. Es comprensible que ese nombre de pila fuera una carga para él. Escribe: «Louis: un nombre de pila que durante mucho tiempo literalmente me horrorizaba. [...] hablaba demasiado en mi lugar: decía sí, y me rebelaba en contra de ese "sí" que era el "sí" al deseo de mi madre, no al mío. Y sobre todo decía: él, ese nombre de pila en tercera persona, que sonaba como la llamada de un tercero anónimo, despojándome de toda personalidad propia, y haciendo alusión a ese hombre a mis espaldas: Él era Louis, mi tío, a quien mi madre amaba, no era yo».

Althusser arrastrará siempre un sentimiento depresivo, vinculado al hecho de haber vivido como un avatar de su tío. El joven Louis intenta hacerse existir por sí mismo de varias formas. Para empezar mediante la seducción. Compartía con Simenon –y no es una casualidad– una pasión por el sexo, que puede interpretarse como una tentativa de autocreación. Por otra parte, con el compromiso político, la lucha y, finalmente, por el crimen: destruir a aquella que le ama. ¿La razón que alegó? Con este acto, Althusser quería ahorrarle vivir con el monstruo en el que pensaba haberse convertido. A los sesenta y dos años estrangula a Hélène, su compañera. Él muere diez años más tarde, tras haber justificado su acto en una última obra póstuma: «En la destrucción de la existencia de otros, en la negación implacable de cualquier forma de ayuda, de apoyo y de razón que intentaron ofrecerme, lo que buscaba era evidentemente la prueba de mi propia destrucción objetiva, la prueba de mi no-existencia, la prueba de que efectivamente ya estaba bien muerto en vida, a toda esperanza de vida y de salvación. [...] Mi propia destrucción sucedía simbólicamente a través de la destrucción de los demás».[22]

Sin embargo, entre lo sublime y la desesperación surgen otras formas de expresar el intento de aportar una respuesta a las dificultades existenciales.

5. ¿Es posible crear nuestra existencia?

La apuesta de la autopertenencia

Entre lo sublime y la desesperación, algunos eligen existir apostando que lograrán conferirse a sí mismos ese sentimiento. Desgraciadamente, como bien lo recuerda Heródoto en *Las Historias*, «Ningún individuo humano aislado es suficiente». Es decir, ser capaz de crear consigo mismo un mundo personal equivalente al tejido de relaciones y pertenencias que nos vinculan con el mundo exterior y que, haciéndolo, nos permiten tener el sentimiento de existir. ¡Es como intentar parirse a uno mismo, elevarse de la tierra tirando de los propios tirantes! Basta con decir, y la lógica lo confirma, que «la autopertenencia es estrictamente imposible. Ningún conjunto puede contenerse él mismo; sería suponer que un mismo ente matemático sea a la vez un conjunto y un elemento de ese conjunto».[23] Bertrand Russell, padre de la filosofía analítica, demostró que la noción de autopertenencia engendra paradojas insuperables: «La fórmula $x \in x$, que implica que un conjunto se pertenece a sí mismo, es totalmente irracional».

Pero por mucho que esta apuesta sea imposible, no deja de intentarse. La función de las tentativas es la de encontrar o reencontrar, de reparar de forma indirecta un sentimiento de existir que no se tuvo, o no se mantuvo por la vía relacional o de pertenencia habitual. Muchos humanos lo intentan. Lo hacen de diversas formas, pero todos comparten el intento de hacerse existir poniéndose ellos mismos como terceros. Es un juego consigo mismos. Estas tentativas principalmente vienen a ser comportamientos de riesgo, llamados también conductas ordálicas. El tercer ente en estas tentativas sería el consumo de tóxicos, alcohol, drogas, las automutilaciones, la ludopatía y algunos comportamientos pasionales…

Tocar la muerte para sentir que se existe

La expresión «conductas ordálicas» proviene de una forma de justicia medieval, en la que un sospechoso era sometido al juicio de Dios para decidir su culpabilidad o inocencia. A menudo eran pruebas físicas –poner una mano en el fuego o hundir al sospechoso bajo el agua–, y si resultaba indemne, decididamente era declarado inocente. Los primeros en retomar esta expresión fueron los profesionales que trabajaban con toxicómanos, para calificar su relación de desafío con la muerte. Una escena inolvidable en la película *Rebelde sin causa* ilustra este comportamiento, esa en la que James Dean conduce su coche a toda velocidad hacia un precipicio y salta del vehículo en el último momento, justo antes de que el coche caiga al vacío. Es impresionante su expresión de alegría, al superar esta prueba en la que desafía a la muerte. «Hacer cosas para arriesgar su vida y, al mismo tiempo adorar la vida. Y finalmente el minuto en el que el riesgo de morir es comprendido como una forma de darle tono a la vida», escribía Henry de Montherlant.[24]

Muchas conductas de riesgo, sobre todo en adolescentes, son interpretadas equivocadamente como intentos de suicidio. Pero estos actos carecen de una intención para ser calificados de esta forma. De hecho, estos sujetos no decidieron poner fin a su vida, más bien se trata de pasar una especie de prueba iniciática que precisamente les permita sentirse existir: «Si supero esta prueba, significa no solo que existo, sino que además tengo derecho a existir». Para ellos, lo importante es que no saben si su acto les conducirá a la muerte. Es meramente una posibilidad excitante. Esta diferencia es crucial, por lo que no se trata de actos suicidas, sino, al contrario, de tentativas por parte del adolescente de superar una crisis existencial, a menudo vinculada a no sentirse reconocido por su familia, no sentirse escuchado ni comprendido.

Dichas conductas no incumben exclusivamente a los adolescentes. También se pueden observar, de otra forma, en numerosos adultos que juegan a engañar a la muerte. Buscan el peligro, por ejemplo, con los deportes extremos. No tienen la muerte como punto de mira, pero sí la excitación de un peligro mortal que, una vez superado, lleva al individuo a un estado de euforia con el que se siente existir plenamente. Este estado de excitación, unido al hecho de haber atravesado con éxito un peligro provocado por la persona misma, es la definición de las conductas de riesgo y, a la vez, su finalidad. Hay fantasmas suicidas que desempeñan un rol análogo. Son muy frecuentes, también en personas consideradas «normales». Evocar la posibilidad de suicidarnos nos permite sentir nuestra existencia más nítidamente: «Solo vivo porque puedo elegir morir cuando lo crea oportuno: sin la idea del suicidio, me habría matado hace tiempo».[25]

La vida de Serge Gainsbourg se comprende mejor bajo el prisma de esta hipótesis. A lo largo de su trayectoria ha mostrado comportamientos de desafío a la muerte: tabaquismo, alcoholismo, su forma de vida. En mayo de 1973 es víctima de una crisis cardíaca; sin embargo, sigue bebiendo y fumando, fiel a su personaje. Morirá en la quinta crisis cardíaca. ¡Esto significa que sobrevivió a la muerte cuatro veces! Sin contar aquella a los quince años, en la que esta le amenazaba cuando llevaba la estrella amarilla. En la vida de Gainsbourg no se puede menospreciar que, a una temprana edad, fue consciente de que ciertas personas deseaban su muerte, por sus orígenes, y que esta amenaza se materializó con la estrella amarilla que fue obligado a llevar. Su primer trabajo fue como educador, en un hogar para niños cuyos padres habían sido deportados. Muchos años más tarde, expresó esta huella indeleble de forma lapidaria: «Crecí bajo una buena estrella… amarilla». ¿Debe deducirse de este traumatismo inicial el origen de su relación ambigua con la vida, esa duda permanente acerca de su sentimiento de existir, ese desafío repetido a la muerte? En todo caso, son numerosas, en su obra, las huellas de este juego con la muerte: «Cuando se tiene todo, no se tiene nada, de ahí la razón de mi desesperación…». «Tengo la necesidad de estar permanentemente en movimiento. En cuanto se para la imagen, sé que la voy a palmar…». «Lo he logrado todo, excepto mi vida». «No hay nada como combatir victoriosamente la

desesperación y la muerte para ahuyentar las ideas suicidas».
«Conozco mis límites, por eso voy más allá...».

Esta idea se expresa incluso con mayor claridad en algunas de sus canciones, por ejemplo en «Quand mon 6.35 me fait les yeux doux» (Cuando mi 6.35 me mira con ojos tiernos):

Cuando mi 6.35
Me mira con ojos seductores
Es un vértigo
Que siento a menudo
Para poner fin
¡Pang!
¡Pang!

O también en «Pas long feu» (No duraré mucho)

Entonces siento que lo haría
No duraré mucho no duraré mucho no duraré mucho aquí
No duraré mucho
No duraré mucho no duraré mucho en esta vida de perros
No duraré mucho

Automutilaciones e incisiones

Suelen ser más bien las chicas jóvenes las que intentan hacerse autoexistir mutilándose o infligiéndose incisiones. Este comportamiento no es reciente. Escuchemos, por ejemplo, la confesión de María de la Encarnación (1599-1672): «Si anteriormente había empezado a mortificarme, todo eso no me parecía nada. El hecho de acostarme sobre unas tablillas me resultaba demasiado sensual. Colocaba un cilicio todo a lo largo y me acostaba sobre él. Las prácticas con ortigas, que utilizaba durante el verano, eran tan intensas tras utilizar tres o cuatro puñados cada vez, que me parecía estar en un caldero ardiente. Y generalmente esta sensación duraba tres días, luego volvía a hacerlo. El dolor era tan fuerte que no sentía los cardos, cuando quería aplicármelos después. No paraba de infligirme tormentos de la carne, pero no eran nada en comparación con el dolor de las ortigas. Llevaba tan a menudo la camisa de crin y el cilicio sobre mi espalda, que se había convertido en una sensación normal...». «Deseo lesionar este cuerpo que de aquí en adelante me parece abominable», escribe Santa Margarita de Cortona en la Edad Media.

Si la automutilación en sí no es un síntoma nuevo, sí lo es, en cambio, su banalización y su divulgación actual. Este comportamiento afecta más bien a las chicas, ya que el 80% de los automutiladores son automutiladoras, y se puede observar a partir de los catorce años. La frecuencia aumenta hasta los 20 años de edad, luego se constata un declive importante. La automutilación parece estar vinculada, pues, al paso de la adolescencia a la postadolescencia. En los Estados Unidos se considera que alrededor del 0,75% de la población total se automutila, lo cual representa más de 2 millones de personas. En Inglaterra, las estadísticas sobre chicas jóvenes, de los 14 a los 18 años, muestran unas cifras asombrosas: alrededor del 10% de ellas habrían tenido comportamientos automutilantes en algún momento.

Una automutilación es una herida que uno se inflige a sí mismo. Se trata, pues, de una forma de violencia física. Esencialmente, consiste en infligirse heridas en los antebrazos y muslos, hasta el punto de sangrar, aunque también pueden ser quemaduras de cigarrillos o arañazos repetidos y violentos.

Un punto importante: la violencia autoinfligida es intencionada, pero el propósito no es causarse la muerte, sino hacerse sufrir físicamente. Las heridas de brazos, frecuentes en este caso, no han de confundirse con tentativas de cortarse las venas; aunque a veces el margen es pequeño.

Entre los factores que contribuyen a estas prácticas, constan antecedentes de situaciones en que no se respetó el cuerpo de estas jóvenes: las estadísticas muestran un promedio de 50% de abusos sexuales en el pasado de estos pacientes. Otro factor determinante son las injusticias: un estudio canadiense muestra que, en comparación con la población en general, las automutilaciones son mucho más frecuentes en las cárceles de mujeres. Los castigos colectivos vividos como injustos provocan con frecuencia actos de automutilaciones entre las delincuentes encarceladas. Las propias automutiladoras mencionan otros factores determinantes: la rabia redirigida contra ellas mismas, la imposibilidad de expresar sus sentimientos, o también la soledad.

¿Pero por qué eligen expresarse a través de la automutilación? Según las automutiladoras, es porque les alivia un dolor interno: la sangre que gotea remplaza las lágrimas. Muchas expresan que estos comportamientos y este sufrimiento les permiten sentirse existir: «Es mi cuerpo, si hago esto es para demostrar que existo sin lugar a dudas».

Los comportamientos de automutilación son equivalentes ordálicos, una prueba que el sujeto se autoimpone para sentir que tiene el derecho de existir. Pero, por ende, el acto se vuelve rápidamente repetitivo. Varias automutiladoras testimonian que su ceremonia sangrienta tiene el mismo efecto que tomar drogas: «¡Es como la heroína, es más barato, pero su efecto dura menos tiempo!».

Estas jóvenes evocan precisamente la cuestión crucial acerca de la relación entre el cuerpo y la psique. No es un vínculo en absoluto biológico en el ser humano. Lo específico del ser humano es su capacidad de separar el cuerpo y la psique. Disponemos de cierta libertad para utilizar nuestro cuerpo según nos convenga. En efecto, debemos tener en cuenta los límites de esta libertad, impuestos por la sociedad y sus representantes. Se trata, pues, de una libertad «condicionada». El otro límite proviene del mismo cuerpo, ya que dispone de su propia autonomía. Por ejemplo, envejece. Hay, pues, una autonomía del cuerpo y una autonomía de la psique.

Con sus prácticas, las automutiladoras dan testimonio de esta capacidad de separar el cuerpo y la psique. No sorprende que muchas de ellas hayan sufrido abusos sexuales, ya que las abusadas nos muestran que, para sobrevivir al abuso, han optado por refugiarse en su mente, es decir, preservando su integridad psíquica mientras abandonaban su cuerpo a los abusos. El acto sexual tiene aquí el efecto inverso al que desempeña en la existencia de cada uno, de unir el cuerpo y la psique a través del placer, placer que precisamente consiste en sentirse unido a su cuerpo. En ellas, en cambio, es una renuncia al vínculo psique-cuerpo, atestiguando esta capacidad del ser humano de influir sobre este vínculo. Por tanto, las ceremonias de automutilación de estas jóvenes pueden interpretarse como tentativas para volver a establecer este vínculo, sintiendo que su cuerpo les pertenece a través del sufrimiento que le infligen y que pueden sentir con él. Es una tentativa de gozar de una reunificación cuerpo-psique no a través del acto sexual, sino a través de esta penetración de la cuchilla de afeitar.

Las automutiladoras nos muestran que, en cierto momento, el vínculo llega a estar tan distendido que se rompe. En este sentido, su comportamiento automutilador puede considerarse como un tratamiento, como una forma de volver a apropiarse de su cuerpo, una tentativa de autopertenencia. Creando esas sensaciones, vuelven a conectarse con su cuerpo. El sentimiento que comentan de existir, o de placer, es el placer de reunificarse, de reencontrar su cuerpo, aunque el precio para ello sea el sufrimiento que, de todos modos, desaparece con el placer físico.

La automutilación es, esencialmente, un intento de curar, uno mismo, un problema específico, aquel en el que el vínculo entre el cuerpo y la psique parece haberse roto en la adolescencia, cuando el cuerpo es percibido como un extraño. Este «tratamiento» no parece desprovisto de eficacia, ya que la mayoría de las automutiladoras se sanan espontáneamente hacia la edad de los 20 años, tanto si han recibido ayuda como si no, excepto quizás aquellas que se han visto «beneficiadas» con una etiqueta diagnóstica…

El siguiente texto, hallado en una página de internet, en el que las automutiladoras intercambiaban sus experiencias, expresa de la mejor forma posible el sufrimiento que subyace a su comportamiento:

Una lágrima de sangre se escapa de mi brazo,
Desgarrada por sollozos, yo no lloro.
El tiempo sigue el contorno de los relojes de Dalí,
El mundo se vuelve borroso, olvido un poco mi vida.
Levanto mi cuchilla y golpeo otra vez:
La sangre fluye y se escapa sobre mi mano y mis dedos.
Cae gota a gota sobre las baldosas,
Borra el dolor y todas sus imágenes.
Ya no sé hablar, solo puedo cortarme.
He encontrado el silencio y me he escondido en él.
Es un lenguaje sordo que nadie escucha,
Una prisión muda y he crecido en ella.
Es un abismo sin fondo con paredes demasiado lisas.
Aún me acuerdo de esas manos que se deslizan,
Que tocan, petrifican, agarran, aterrorizan
Y matan un cuerpo de niña dañado y ensuciado.

Paraísos artificiales

La mayoría de adicciones son, igualmente, tentativas de hacerse autoexistir, pero emergen de un escenario ligeramente diferente. La relación del adicto con su tóxico es compleja; es más parecida a una relación de pertenencia que a una relación simple. Para él, su droga es un sostén identitario, por tanto, una fuente del sentimiento de existir. No es por casualidad por la que humaniza su tóxico con nombres de pila como White Angel (morfina), Caballo (heroína), Marihuana (cannabis) o Farlopa (cocaína). Cuando uno se encuentra con un toxicómano o un alcohólico, tiene delante a una pareja. Es por eso por lo que resulta tan difícil desvincularle. Citando a Henri Michaux: «Más que una cosa, una droga es alguien. Así pues, el problema es la cohabitación…». Acordémonos de Gainsbourg, cuyo arsenal para consolidar su sentimiento incluía una relación familiar con la droga:

> La muerte tiene para mí la cara de una niña
> Con mirada transparente
> Su cuerpo hábil para los refinamientos del amor
> Me tomará para siempre
> Me llama por mi nombre
> Cuando de pronto pierdo la razón*

La idea del adicto es renunciar a toda relación afectiva con humanos, pasar de toda pertenencia, que sus necesidades dejen de serlo, que se conviertan en contingentes, que ya no dependa de testimonios afectivos ni de reconocimiento. Asistimos a una personificación imaginaria de la sustancia tóxica en la mente del sujeto. Toda relación investida de afecto es vivida como un peligro, cualquier implicación es una carga demasiado pesada.

En «Le Poison» (el veneno), Charles Baudelaire ilustra el contraste entre la droga, siempre fiel, y la relación arriesgada e incontrolable. En este caso, el veneno no es lo que se podría imaginar, es decir, la droga, sino la mujer:

---

* «Cannabis», canción sacada de la banda original de la película de Pierre Koralnik, *Cannabis*, 1970.

El opio agranda aquello que no tiene límites
Alarga lo ilimitado
Profundiza el tiempo, ahonda la voluptuosidad
Y los placeres negros y lúgubres
Llenan el alma más allá de su capacidad

Todo eso no es nada comparado con el veneno que fluye
De tus ojos, de tus ojos verdes
Lagos en los que mi alma tiembla y se ve a la inversa…
Me vienen un montón de fantasías
Para refrescarse en esos abismos amargos

Cualquier cosa es mejor que las relaciones, en este caso con una mujer, pero la amargura de Baudelaire engloba una gran parte del genero humano, incluida su madre, a quien jamás le perdonará haberse vuelto a casar con un militar. Desde su infancia, su relación con la existencia resulta compleja: «De muy niño sentí en mi corazón dos sentimientos contradictorios, el horror de la vida y el éxtasis de la vida». Su consumo de diversas drogas –opio, hachís (formaba parte del «club de los haschischins»– podía crear en él la ilusión de hacerse una existencia, pasando de aquello que el mundo burgués y su familia le negaban: el reconocimiento de su talento. En uno de sus escritos se puede leer su tendencia a apostar por la autoexistencia: «Quizás sería fácil ser alternativamente víctima y verdugo» (*Mon coeur mis à nu*, 1864).

Juegos de azar

Sasha Guitry expresó, mejor que los psicólogos, lo que puede representar la adicción al juego en relación con los comportamientos ordálicos: «Amo el juego, y amo el juego no tanto porque proporciona el sabor del riesgo, sino porque manifiesta confianza –confianza primero en uno mismo, y confianza también en la vida, en el destino–, ya que la suerte, tal como lo veo yo, no es otra cosa que el destino, y el Destino, para mí, es Dios. No me alejo mucho de la idea de que ser jugador es creer en Dios!».[26]

Los juegos llamados de azar son justamente aquellos que crean el fantasma irreal de que el destino no es aleatorio ¡y que no tardará en hacer que el jugador pase a formar parte del club de los felices elegidos por la fortuna! Es esperar a que la suerte confirme su existencia, confirmar la creencia en una buena estrella… Dicho esto, no se comprende muy bien por qué Sacha Guitry tenía tanta necesidad de confirmar su derecho a existir, puesto que ya en su cuna había estado rodeado por buenas hadas que velaban por él: su padrino era el zar Alejandro III y su padre, Lucien Guitry, uno de los actores más famosos de su época, logrando que las primeras piezas de teatro que escribió fueran un gran éxito. Tenía un marcado gusto por las mujeres, a pesar de sus manifestaciones misóginas, y se preocupaba mucho por mostrarse como un gran seductor, rol en el que le costó hacerse reconocer, a pesar de sus numerosos matrimonios. ¿Acaso se puede deducir que su falta de seguridad en su sentimiento de existir estaba vinculada, al igual que la de Simenon o de Althusser, a la ausencia de su madre?

Pasiones

En su origen, la pasión significaba que el alma se dejaba dominar por el cuerpo: «La voluntad pervertida crea la pasión», dice san Agustín. Y Descartes: «Pasión es pasividad del alma y actividad del cuerpo». La pasión es, por tanto, una forma activa de mostrarse pasivo, es aceptar activamente dejarse invadir por unos sentimientos pasionales.

La pasión es uno de los recursos de los que disponemos para mantenernos alejados de la depresión. Es otra manera de intentar hacernos existir en forma de autopertenencia. Se trata de dominar el entorno, utilizando a un tercero como objeto. Pero este tercero no lo es verdaderamente, ya que está integrado en la vida del apasionado. Dicho de otra forma, se podría decir que el apasionado ha absorbido al tercero, lo ha convertido en su propia carne. Es así como se puede remediar la angustia existencial, fijándola en un objeto que supuestamente suplirá todas las deficiencias. Algunos no se dejan embaucar por este espejismo. «Todo aquello que nos tranquiliza en la vida, sin que nos guste verdaderamente, escribe Françoise Sagan, nos apega horriblemente, de forma engañosa como las serpientes. [...] Se da una cuenta de que hay que liberarse de todo, para liberarse de una misma. Y que en ningún caso hay que tolerar, jamás, nada más que la pasión: porque justamente ella no es reconfortante».[27]

Aun sabiendo que hay muchas más, citaré dos de entre las numerosas pasiones, la pasión amorosa y la pasión por el coleccionismo.

La pasión amorosa

Toda pasión es única: no es posible estar apasionadamente enamorado de dos personas o de dos sujetos a la vez. Es lo que la distingue del afecto que sí puede ser compartido. Otra diferencia: en el afecto se distingue bien quién ama y quién es amado. En cambio, la pasión devora, es exclusiva, única, intemporal, sencillamente porque no se *tiene* una pasión, uno *es* su pasión, no se ama el objeto, se es el objeto, o se es en el objeto, o el objeto está en nosotros. La pasión nos lleva a querer ser uno con el objeto, el apasionado es el objeto y el objeto es el apasionado. Es una incorporación en el cuerpo del otro. Para parafrasear a Georges Balandier: la pasión me hace ser parte constitutiva de un amplio conjunto, que me engloba y que contengo y que me hace existir.

¿Por qué quiere una persona estar en un estado apasionado? Pascal nos da la respuesta, en el *Discurso sobre las pasiones del amor*: «Así uno es feliz: pues el secreto de mantener siempre una pasión es no dejar que nazca ningún vacío en el espíritu, obligándole a que se esmere sin cesar en aquello que le conmueve tan agradablemente».

Pero la pasión es siempre individualista, individual, por no decir egoísta, por tanto vivida como antisocial, personal, al contrario que los intereses del grupo, del colectivo. Para Roland Barthes, «la pasión amorosa es un delirio».[28]

Se puede hacer uso de esta capacidad y arriesgarse a tener remordimientos, o bien no usarla y arriesgarse a arrepentirse… ¿Quién no ha escuchado la llamada de la pasión y ha decidido vivirla o reprimirla? ¿Quizás hay que estar desesperado para aceptarla? Ya que apasionarse es entrar en la ceguera, renunciar a la clarividencia, al dominio, a la elección. Es echarse a perder en la pasión.

Como se trata de un mecanismo vital, en el verdadero sentido de la palabra, nos importa y hacemos todo por preservarlo, pero toda pasión devora, es posesiva, excesiva. El riesgo que se corre es el «desapasionamiento nervioso»: «En toda pasión hay un punto de saciedad, que es espantoso, escribe Pascal Quignard en *Vida secreta*. Cuando uno llega a ese punto, de pronto sabe que es incapaz de aumentar la fiebre de lo que está viviendo, o incluso de perpetuarla, por lo que esta va a morir».

Se puede intentar evitar este «desapasionamiento» de diferentes formas, cambiando de objeto (donjuanismo), sublimando, incluso agrediendo al objeto si se muestra desobediente (crimen pasional), delirando para preservar el sueño del objeto (delirio de celos, erotomanía), hipomanía, monomanía, misticismo, etcétera. Pero en la mayoría de los casos, uno se encuentra ante una sensación dolorosa de vacío, vacío de sí mismo, vacío alrededor de uno mismo, una soledad intensa, una pérdida del sentimiento de existir.

La pasión puede ser triste, puede inducir a estados patológicos, pero también cabe pensar que vale la pena el riesgo de pemanecer cautivo en un estado que llena la mirada de estrellas, que se hace inaccesible, que nos coloca fuera del mundo, fuera del tiempo. A esto se le llama delirar. Pero también es como ver el mundo por primera vez, es el asombro del niño ante su primera emoción estética, ¿o debería decir extática? Es el descubrimiento de la posibilidad de existir, ya que el mundo existe y es bello, gracias a mi mirada maravillada. Es el sueño vivido. Sabemos que el sueño puede convertirse en una pesadilla. ¡A un soñador no se le despierta impunemente! Todos aspiramos a vivir una relación pasional y, al mismo tiempo, la tememos, pues sabemos que quizás será única y pasajera. Saber que quizá no tenemos más que una oportunidad, que podemos tomar o dejar, es como ir a la guerra con un fusil y una sola bala. Es como saber que somos mortales, o que nacemos por casualidad: se sabe y no se sabrá jamás…

Démosle la última palabra a Stefan Zweig, ya que nos concierne a todos: «Solo las personas que han vivido completamente ajenas a la pasión experimentan, al verse presas de ella, esas explosiones repentinas, esas sacudidas huracanadas, como de avalancha; en esos instantes, años enteros de fuerzas no utilizadas se agolpan en el propio corazón».[29]

La pasión por el objeto[30]

La pasión por coleccionar tiene la función análoga de permitirle al coleccionista sentir que existe. Tomaría como ejemplo al gran coleccionista que fue Sigmund Freud. Recordemos que vivía en Viena, ciudad en la que jamás se desmintió el antisemitismo. El hecho de jamás ser reconocido en una pertenencia legítima es un sufrimiento que pone a la persona en riesgo, incluido su sentimiento de existir. Según mi parecer, se puede asociar la actividad del coleccionista con su voluntad de hacerse autorreconocer, a través de su dominio sobre los objetos coleccionados, mediante los cuales obtiene una forma de reconocimiento y de reafirmación.

Desde el mes de julio de 1986 se puede visitar, en Londres, la casa en la que vivió Freud tras su exilio forzado, desde octubre del 1938 hasta septiembre del 1939, año de su muerte. Ahí están expuestos los objetos que constituyeron su entorno. Tuvo que abandonar Viena en junio del 1938, después de la anexión de Austria a la Alemania nazi, lo cual supuso una amenaza para su vida y la de sus allegados. Su partida fue negociada por la princesa Marie Bonaparte y el embajador de los Estados Unidos. Mediante el pago de una «tasa», lograron que pudiera llevarse todos sus muebles y objetos.

La colección de objetos antiguos que reunió Freud, principalmente entre 1898 y 1930, consta de unos 1.900 objetos, todos visibles en Hampstead, en el museo de Freud. Si la calidad de esta colección es cuestionable –retomaremos este punto–, la entrega de Freud en esta actividad no deja lugar a dudas. Max Schur habla de una «necesidad que solo superaba en intensidad su necesidad de nicotina». Cada miércoles les hacía una visita a sus vendedores, quienes no dejaban de ir a verle ellos mismos si tenían alguna pieza nueva. Desde siempre, coleccionar fue una pasión «que le relajaba enormemente».

Pero una colección no es una simple acumulación, un «montón» de objetos indiferenciados. Incluso si aparentemente reina un desorden absoluto, siempre se puede encontrar una lógica constitutiva del conjunto y una dinámica que determina la circulación de los objetos.

Efectivamente, la idea de «conjunto» es primordial en el caso de los coleccionistas: se trata de un conjunto pendiente de completar. Cada objeto que entra en la colección no es cualquier objeto, sino un objeto que, en algún nivel, está destinado a completar la colección, a colmar una carencia.

Citemos a Freud quien, en 1938, escribe a Jeanne Lampl de Groot: «¡Hay que reconocer que una colección a la que no se le añade nada, estrictamente hablando, está muerta!». Este testimonio conmovedor, en boca de un hombre que ve acercarse su propia muerte a pasos agigantados (muere en 1939), nos muestra algo importante: contrariamente a la opinión común, sitúa la colección, que consiste en objetos inanimados, del lado de la vida. Se trata de un conjunto vivo, y lo que le da vida es la entrada de numerosos objetos (compras, donaciones) y la salida por ventas, o, en el caso de Freud, más bien por intercambios o regalos. Es el hecho de crear un mundo vivo lo que da sentido a la existencia del coleccionista.

Pero hay dos formas, en mi opinión, de hacer vivir una colección: por «pertenencia» o por «inclusión».

En las colecciones por inclusión se trata de constituir unos conjuntos de objetos, elegidos porque todos tienen una característica común, sean cuales sean las cualidades estéticas o demás del objeto en sí.

Esta característica común puede ser una función: todas las etiquetas de cigarros, todos los abrelatas, todos los sacacorchos, todas las cajetillas de cerillas, todos los sellos de China, etcétera.

Puede ser una representación: todos los objetos donde hay gatos, conejos o elefantes, etc.: un cuadro en el que aparece un gato entra en la colección, sean cuales sean sus cualidades.

Es fácil de imaginar que la estética de este tipo de colección proviene de su disposición:, del efecto de conjunto. Un coleccionista tendrá cuidado de no elegir un tema demasiado limitado, para no correr el riesgo de completar su colección, que una vez completa ya no será una colección, sino un objeto muerto.

En cuanto a la colección por pertenencia, en cambio, se trata de elegir, de entre una serie de objetos, aquellos que serán dignos, o no, de acceder al estatus de objeto de la colección. Por tanto, el coleccionista de pinturas modernas, de arte primitivo o de arqueología, visitará al vendedor, verá colecciones, asistirá a ventas, en busca del objeto, ese objeto maravilloso que será admitido en su pequeño mundo.

El interés de este tipo de colección radica en la variedad de los objetos que contiene, en la «personalidad» de cada uno de ellos. La calidad del conjunto, en este caso, la determina mucho más la calidad de cada objeto, pero de forma complementaria, con una interdependencia determinada, como en una «familia». De hecho, Freud vivía con este pequeño mundo de manera muy «familiar», y el nombre no es fortuito.

El coleccionismo de Freud era más que un simple pasatiempo. Era una pasión. Y esta pasión le hacía existir en un mundo hostil. ¿Acaso no pidió que, después de su muerte, sus cenizas fueran depositadas en una de las urnas griegas de su colección?

6. La «depresión»: una rabia impotente

Todas las sociedades, en todos los lugares y en todas las épocas, han sabido proponer una salida al sentimiento de desesperación provocado por situaciones de humillación, de injusticia o de violencia, transformándolas en patologías lícitas, autorizadas, acotadas, banalizadas, es decir, organizando el «fuera de juego» social. Lo que hoy en día llamamos «una depresión» es una forma de contener el sentimiento de desesperación, el cual consiste en dejar de percibir un futuro, un objetivo en nuestra existencia. Sucede por diversas razones que, si bien no son inmediatamente perceptibles, no dejan de estar siempre presentes. Este sentimiento no nos llega ni caído del cielo ni a través de nuestros genes. No es un destino, y mucho menos un destino biológico. Es la esencia del humano en su estado puro. Es el producto de un cuestionamiento fundamental sobre aquello que nos vincula a nuestra existencia. Y este cuestionamiento siempre ha supuesto un problema para las sociedades. Para evitar que se extienda, estas ofrecen a aquellas personas que se hacen, o pudieran hacer, demasiadas preguntas una forma aséptica de encerrar ese sentimiento en un cuadro de anormalidad normal, una forma normal, es decir, socialmente aceptable, de ser anormal.

Pascal Quignard resumió prodigiosamente esas tentativas sociales de hacer callar a la gente que sufre: «Ceaelius dice que el *taedium vitae* es un abatimiento (*maestitudo*). Séneca dice que el *taedium*, la enfermedad de los humanos, proviene del conocimiento que tienen acerca de un cuerpo apresado entre dos límites innobles, que le asignan el coito del que proceden y la putrefacción de la muerte que los corromperá. Junto a la melancolía (*tristitia* traducido *melagcholia*) aparece inmediatamente el cortejo de los ascos y de los odios. *Phobos* signa la *melagcholia* (el espanto signa el asco de la vida). La *tristitia* latina reúne en una misma noción la *dysthymie* (el malestar), la *nausea*, la atracción por la noche, el odio al entorno (*anachorisis*), el hundimiento en el terror por nada, finalmente el asco al coito. [...] Lucrecio subsume los síntomas en cinco categorías: preocupación, pena, temor, olvido y remordimiento. Los caracteriza como anticipación de la muerte, letargo, enfermedad de la muerte».[31] Únicamente la iglesia no ha reconocido el aspecto terapéutico de este etiquetado. Según santo Tomás de Aquino, «la desesperación es un pecado. [...] Es la muerte del alma; desesperar es descender al infierno. [...] La desesperación proviene de dos causas: de la lujuria y de la pereza *(sic)*».[32] En una época más reciente encontraremos la neurastenia, el hastío y ... la «depresión».

Hay, pues, un «fuera de juego» social en la «depresión», que contiene un cuestionamiento sobre nuestro sentimiento de existir en un entorno insatisfactorio, amenazante, a veces traumatizante, donde nuestra dignidad ha sido ultrajada, herida, o

simplemente ignorada. Para el etnopsicoanalista Georges De-
vereux, este sentimiento es el producto de la incompatibilidad
o de la no adaptación normal de un sujeto a un contexto anormal. Según él, un deprimido es un inadaptado normal. Estas
hipótesis no son negaciones del sufrimiento que se puede sentir
por estar en este estado de desesperación, todo lo contrario, nos
recuerdan que no hay nada más humano que este sufrimiento. Lo opuesto a la depresión no es un estado supuestamente
«normal», ¡es la rabia! De hecho, una expresión del siglo XVIII
merecería ser resucitada aquí: «Tiene la rabia en el corazón».
Refleja el sentimiento de todas las víctimas de injusticias, humillaciones o abandono.

Pero está claro que la sociedad no puede tolerar las ven-
ganzas personales o los comportamientos que provocan desorden; por eso existen la ley y la justicia. En caso de un dolo
previsto por la ley, confiamos en la justicia. No obstante, hay
numerosas injusticias que no son justificables. Nos lo muestran
las recientes legislaciones acerca del divorcio, que tienden a
minimizar la búsqueda del culpable, es decir, del responsable
de la situación de ruptura, banalizando las separaciones. No
se tiene en cuenta el divorcio por culpabilidad más que como
último recurso, dejándole una amargura considerable a aquel o
aquella que se considera víctima y que desearía que este estatus
fuera reconocido. Esa paciente humillada, engañada, ultrajada
por su marido fue persuadida suavemente por su entorno y por
su médico, para que creyera que su rabia impotente, su tristeza,
incluso su desesperación, eran el efecto de una «depresión»
que, por tanto, tenía que ser tratada. Resultado, se amuralló en
una posición pasivo-agresiva, que contribuyó a que fracasaran

los esfuerzos de los médicos por sacarla de esa depresión, en la que había sido encerrada.

Otro ejemplo, el de una mujer que similarmente contiene sus sentimientos de rabia impotente en su «enfermedad». Esta paciente es hospitalizada de forma repetida por una «depresión» desde hace varios años. Lleva quince años bajo tratamiento farmacológico constante. Además ha intentado varias psicoterapias, que aparentemente no le han ayudado. Su comportamiento enigmático y los intentos fracasados de ayudarla originaron la solicitud de un colega, quien me la deriva. Decido recibirla a ella y a su cónyuge, con la esperanza de que esta constelación aportará más información que un seguimiento individual, con el que hasta ahora no se habían logrado avances en el tratamiento. Su presentación es dispar: el caballero está impecablemente vestido, muy elegante y cuidado, mientras que la dama está extremadamente desaseada, con el cabelo graso, mal vestida, sin maquillaje.

En seguida se acusa, reconoce ser la única responsable de la situación. «Todo es mi culpa, soy nula, soy espantosa, estoy enferma», dice. Proclama su apego a su marido, que le necesita, pero como una niña necesita a su progenitor. Él querría tener más relaciones sexuales, ella se niega. A medida que la terapia avanza, el caballero anuncia en la sesión, y sin haberlo mencionado anteriormente, que ha decidido abandonarla. Por tanto, a partir de la siguiente sesión la veo a ella a solas. Parece derrumbarse, continúa acusándose. ¡Le comento que parece haber hecho todo lo que estaba en su poder para alejar a su marido! Este comentario desata su furia, acompañada de negaciones frenéticas. ¡No es lo que deseaba! Todo esto se debe a que está enferma, dice.

Añado: «¿Quizá tenga usted buenas razones para estar resentida con él, y desde hace tiempo?». Esta hipótesis parece interesarle. Hasta entonces, la historia que había sido presentada giraba alrededor del hecho de que, si había problemas en la pareja, esto se debía a su estado y a que obligaba a su marido a vivir con una mujer enferma. Poco a poco fue emergiendo otro escenario. En resumen, la pareja se constituyó esencialmente porque eran de un mismo nivel social, lo cual les convenía a ambas familias, y él la consideraba interesante y culta. Ella había renunciado a un amor de su juventud, en favor de esta unión. En cuanto a su marido, tras unos meses de matrimonio se hizo evidente que desde hacía años estaba enamorado de otra mujer, que curiosamente tenía el mismo nombre de pila que la paciente, pero a la que su familia no consideró conveniente. Tras la boda, enseguida retomó la relación con esta mujer, manteniendo las apariencias de un matrimonio unido y, más tarde, de una familia perfecta. La paciente descubrió esta situación tras el nacimiento de su primer hijo. Se lo dijo a su padre, pero este, lejos de apoyarla, le hizo comprender que había elegido su destino y que no le quedaba otra alternativa que asumirlo, lo cual ella hizo lo mejor que pudo durante varios años, ahogando su rabia y su frustración, hasta el momento en que «misteriosamente» entró en una depresión… Así se protegió la paz de la familia durante años, al precio de la «enfermedad».

Pasa lo mismo con ciertas personas, víctimas de despidos que no consideran justificados. Las compensaciones económicas a raíz del despido no logran reparar su dignidad herida. En estos casos, encuentran un refugio para la rabia y la frustración: la «depresión».

Siguiendo mi hipótesis, se puede considerar el comportamiento depresivo como una forma de hacer huelga. El filósofo Jean-Pierre Dupuy opina lo mismo: «Se sabe que las consultas médicas están llenas de "huelguistas". No me refiero necesariamente a huelguistas laborales. Hay muchas otras huelgas, que la ley no tiene en cuenta. Hacer huelga de su rol de marido, de amante, de padre, de hijos, de maestro o de alumno, de responsable, etcétera, he aquí lo que autoriza la enfermedad depresiva como hecho social. Está socialmente admitido que todos los problemas de malestar, sea cual sea su origen o su naturaleza –malas relaciones en el trabajo o en la pareja, atraso escolar de los niños, etcétera–, se traduzcan en una demanda de ayuda dirigida a la institución médica [...]. La enfermedad es un desvío tolerado, pero a condición de que aparente ser un desorden orgánico, cuya etiología no sea imputable ni al enfermo ni a la sociedad [...]. Es una entidad externa al individuo y a su relación con su medio, que de forma casual empieza a perturbar su funcionamiento vital. Esta representación del mal es la base del acuerdo entre el médico y su enfermo, y permite su relación.

»El enfoque médico-biologicista tiene, por tanto, un efecto, si no una función: cada vez más gente está convencida de que, si les va mal, es porque ellos tienen un trastorno, y no porque reaccionan sanamente, negándose a adaptarse a un entorno o a condiciones de vida difíciles y a veces incluso inaceptables [...]. Esta medicalización del malestar es a la vez la manifestación y la causa de una pérdida de autonomía: la gente ya no tiene necesidad ni ganas de solucionar sus problemas con su red social. Su capacidad de rechazar está debilitada, favoreciendo su renuncia a la lucha social. La medicina se convierte en la coartada de una sociedad patógena».[33]

La función de los médicos es la de ofrecer esta posibilidad de canalizar la rabia. El discurso médico acalla los cuestionamientos y reflexiones que puedan desestabilizar una familia, una pareja o una institución.

En defensa de los médicos, cabe subrayar que las víctimas no dicen mucho acerca del origen de su «depresión». No hay que subestimar el peso de la culpabilidad, de la vergüenza, del miedo a no ser comprendidos, o a que no se les crea, del pudor, de la dificultad para expresar en palabras aquello que ha provocado ese estado. No olvidemos, como escribe Christine Angot, que «a las víctimas se las compadece, no se las quiere».[34] Además, las causas de estos estados «depresivos» a veces son inhibidas o sencillamente olvidadas, sin que por ello cese su efecto. Mediante una paciente labor de reconstruir el escenario catastrófico, el paciente puede conectar con sus sentimientos legítimos de rabia.

La elección de la «depresión» como forma de hacerse existir en contextos difíciles puede revelarse como particularmente alienante: sin duda, es fácil acceder a este estatus, pero es difícil desprenderse de él. La medicina puede con facilidad alienar al paciente, confinándole al sistema de asistencia. Basta con hacerle dependiente de las prescripciones médicas, o de una relación idealizada durante interminables terapias.

La medicina ofrece, sobre todo, una identidad sustitutiva. En su discurso eres un o una deprimido/a, por tanto, perteneces a la clase de deprimidos/as. A partir de ahí puedes vivir una pertenencia específica, ¡más aún cuando intentan persuadirte de que, el hecho de formar parte de ese grupo de humanos, proviene de tu destino biológico! Pero hay consecuencias y, como nos advierte el filósofo Pierre Teilhard de Chardin, no son triviales: «[La biología] invita a hacer del viviente un testigo pasivo e impotente de las transformaciones a las que es sometido, sin ser responsable y sin poder influir sobre ellas».[35]

Las bases teóricas sobre las que descansa este diagnóstico son frágiles. Incluso los creadores de las categorías diagnósticas expresan sus dudas sobre si es realista aislar las patologías, entre ellas la «depresión», en categorías. En un artículo de 2003, los psiquiatras Robert Kendell y Assen Jablensky escriben: «No existen pruebas que demuestren la validez de la mayoría de los diagnósticos psiquiátricos actuales, ya que estos siempre se definen basándose en los síndromes y aún queda por demostrar la existencia de fronteras naturales entre estos».[36] Además, señalan: «El uso del término enfermedad, prestado del registro de enfermedades orgánicas, como algo cuyas causas se pueden determinar claramente, es un concepto confuso en el cuadro de la psiquiatría. Su utilidad es principalmente la de darles, a aquellos que la utilizan, la confortable ilusión de creer que todo el mundo sabe lo que significa». En esta idea, «algo se convierte en una enfermedad cuando una profesión o una sociedad lo denomina como tal». Incluso los creadores de ese sistema de clasificación previenen a los especialistas sobre su aspecto muy relativo: «No existen pruebas que demuestren que cada categoría de trastornos mentales sea una entidad autónoma, con fronteras absolutas que la separen de otras categorías de trastornos o incluso de una ausencia de trastornos mentales».[37] Arnold Munnich, un gran genetista francés, añade: «No hay –no habrá– un gen de la homosexualidad, un gen de la violencia, un gen de la esquizofrenia, un gen del autismo… La persona no puede ser reducida a su genoma, y afortunadamente estamos lejos de ser determinados meramente por nuestros genes».[38]

A pesar de la fragilidad de los argumentos «científicos», la psiquiatría se ha convertido en una máquina que convierte la rabia, la rebeldía, la indignación, en enfermedad.[39] Esto beneficia no solo a la sociedad, a las familias o a las parejas, sino también a los laboratorios farmacológicos que se han lanzado a este segmento del mercado, promocionándolo hasta el punto de inventar una «depresión enmascarada», para aquellos que se resisten a dejarse encerrar en este diagnóstico… Como consecuencia, han provocado que algunos especialistas se hayan vuelto sordos y ciegos ante las causas específicas que llevan a un paciente a expresar su sufrimiento psíquico a través del lenguaje de la «depresión».

7. Renacer al mundo: la «curiosidad bondadosa»

¡Entrad todos, los tristes, los humillados, los traumatizados, abusados, engañados, aquellos golpeados por la injusticia, por la desgracia, por las pérdidas, por la deshonra, por los sentimientos de culpabilidad, los heridos de la vida y los marcados por la existencia! ¡Entrad tristes y salid… «deprimidos»! Este es el rótulo que debería figurar hoy en día en la fachada de numerosas consultas médicas. Parece fácil transformar a las víctimas de la vida en «enfermos». Sin embargo, las consecuencias no son anodinas. ¿Para qué voy a indignarme, por qué luchar si mi «depresión» se debe a genes defectuosos o a un destino biológico? No me queda otra que aceptar mi suerte y tragarme pasivamente las pequeñas píldoras que justifican mi estado. Muchos comportamientos calificados como enfermedades son simplemente reacciones normales a un entorno anormal, a un contexto que ha generado una herida grave, la cual tiene el defecto de no ser visible, pero que no por eso es menos dolorosa; una herida producida por un ataque a la dignidad de esas personas que sufren. No es fácil salir del estado de pasividad en el que la medicina coloca a estos sujetos que están sufriendo. Por eso es importante identificar las reacciones médicas, en la medida en que pueden ser peligrosas.

Principalmente se cometen tres errores a la hora de atender a personas «deprimidas». El primero es querer conseguir que el paciente vuelva a mostrar un temperamento equilibrado, cuando debería manifestar más bien rabia, teniendo en cuenta lo que ha padecido. Cuando estoy ante un paciente suicida, ¡a veces intento a toda costa enfurecerle, para que la rabia que dirige hacia sí mismo logre expresarse de otra forma! Con otro, despedido de forma injusta, puedo también fomentar la fantasía, muy realista, de escenarios en los que se imagina matando al responsable de su situación.

El segundo error, más grave, es que la mayoría de las veces se prescribe un tratamiento enfocado en el cuerpo del paciente, dada la inclinación hacia las drogas farmacológicas; por tanto, dirigido a su parte biológica, cuando se trata de un problema existencial. El peor error es creer que la «depresión» es la consecuencia de un dispositivo genético, es decir, de un destino irremediable. Esta posición permite que los profesionales se atribuyan un poder exorbitante, ¡el de no sanar, ya que el problema está vinculado al destino programado por la genética de sus pacientes! Michel Foucault había señalado este sofisma: «Al relacionar, de forma directa, la desviación de las conductas con un estado hereditario a la vez que definitivo, la psiquiatría se toma el poder de ya no intentar sanar».[40] De ahí que haya pacientes convencidos de que, dado que su estado depresivo se debe a un defecto genético, deberán tomar medicación «antidepresiva» durante el resto de su vida. ¡Haciendo esto, el médico se ensalza como dueño del destino!

El tercer error consiste en proponer un acercamiento simplificador, etiquetando las supuestas enfermedades. Para establecer un diagnóstico, el psiquiatra busca la diferencia entre lo que, según su propio criterio, es un estado normal y lo que es un estado patológico. De esta manera, crea una categoría de humanos aparte, los «enfermos», que deben ser tratados. Me parece que, cuando un psiquiatra da un diagnóstico, eso nos dice más acerca de su propia forma de crear su mundo que sobre el paciente en cuestión. «Diagnóstico: una de las enfermedades más extendidas», decía Karl Kraus a inicios del siglo pasado.[41] Curiosamente fue un etnólogo, Claude Lévi-Strauss, quien se puso del lado de los pacientes, mostrando hasta qué punto el hecho de ser excluido del mundo de los «normales», por ser diagnosticado «deprimido», podía ser doloroso y enajenante para una persona. Escribe: «De la crítica que hace Freud sobre la histeria de Charcot, la primera lección fue convencernos de que no hay diferencias esenciales entre los estados de salud y de enfermedad mental; que del uno al otro, como mucho, se produce una modificación en el desarrollo de operaciones generales que cada uno puede observar por su cuenta; y que, en consecuencia, el enfermo es nuestro hermano, ya que no se distingue de nosotros salvo por una involución –menor en su naturaleza, contingente en su forma, arbitraria en su definición– de un desarrollo que fundamentalmente equivale al de toda existencia individual. Era [¡y *sigue siendo!*] más cómodo ver al enfermo mental como un ser de una especie rara y singular, como el producto objetivo de fatalidades externas o internas, tales como lo hereditario, el alcoholismo o la debilidad».[42]

El problema puede ser abordado de forma muy distinta, considerando que la mayoría de «deprimidos» son, en realidad, sujetos normales que se enfrentan, o que se han enfrentado, a un contexto anormal. El «deprimido» es ante todo nuestro hermano: no hay destino programado. Dependiendo de las circunstancias, cualquier persona puede sentirse deprimida, cuando aquello que sostiene su sentimiento de existir se torna cuestionable. Propongo introducir un concepto terapéutico, calcado del concepto freudiano sobre la neutralidad bondadosa: la curiosidad bondadosa. Prioritariamente se trata de no dejarse encerrar en clichés cegadores como la búsqueda de diagnósticos, de los cuales lo menos que se puede decir es que son dudosos.

Un planteamiento consciente sobre lo frágil que es la construcción del sentimiento de existir y sus imprevistos implica escuchar, comprender lo que el paciente está expresando a través del lenguaje de sus síntomas e intentar devolverle su dignidad, para que se reintegre en la comunidad de los humanos. He aquí un ejemplo para esclarecer este punto de vista.* Se trata de una situación atendida por profesionales, que fueron advertidos, pero aun así se enredaron en un batiburrillo de conocimientos pseudocientíficos, que consisten primeramente en aislar al paciente en una categoría diagnóstica.

Una mujer de treinta años es corredora de bolsa en un banco. Da prueba de una gran competencia profesional y ha

---

* Se pueden encontrar muchos más ejemplos de esta forma de considerar el rol del terapeuta en Robert Neuburger, *Première séance. 20 raisons d'entreprendre (ou non) une psychothérapie*, París: Payot, 2010.

tenido una trayectoria intachable para alcanzar su excelente nivel profesional. Su caso me es presentado porque, desde hace algún tiempo, ha dejado de trabajar y vive enclaustrada. Ha vuelto a vivir con sus padres, una pareja jubilada, muy modesta. Si es necesario, puede salir de casa, pero solo si su madre la acompaña. Rápidamente se le ha colocado el diagnóstico de depresión. Se ha establecido un tratamiento *ad hoc*, a base de antidepresivos, aumentando la dosis gradualmente, sin resultados. Luego los médicos han decidido hospitalizarla. Con este cuadro, la situación no hizo más que empeorar, engendrando una escalada terapéutica, hasta tal punto que ya no se sabía si el estado de estupor de esta joven mujer era debido a la depresión o a los medicamentos. Los médicos empezaron a referir la posibilidad de un estado crónico, con pocas posibilidades de sanación.

La situación mejoró a partir del momento en que se consideró que se trataba de un síntoma y no de una enfermedad. La diferencia es considerable. Con una enfermedad, un problema orgánico sobre el que el paciente no tiene poder alguno, se piensa que el tratamiento solo puede ser farmacológico o a base de lo que en la actualidad se denomina con pudor electronarcósis, es decir, electrochoques. En el caso de esta joven mujer, ya se había intentado, sin obtener mejoría. Hablar de un síntoma favorece una lectura muy diferente de la situación, ya que entonces uno se plantea lo que la paciente intenta comunicarnos a través de su comportamiento depresivo. En eso consiste la curiosidad bondadosa. Teníamos que averiguar lo que le había sucedido en pleno ascenso profesional, una mujer que, de pronto, se encontró en la situación dramática de haber perdido la razón de su exixtencia, de estar de luto por sí misma.

A partir de esta convicción –que el síntoma no cae ni del cielo ni de los genes–, no fue muy difícil comprender el escenario catastrófico que había llevado a esta joven mujer a encerrarse en sí misma y a aislarse como lo había hecho. Tras haber infundido confianza en la paciente, se estableció una relación entre esta y el especialista. En poco tiempo averiguamos que había tenido una relación, cosa que para ella no era muy común. Se trata de un hombre claramente mayor que ella, ya que tiene la edad de su padre, con una posición importante en el mismo banco, un hombre casado, padre y abuelo, respetable, con quien ha mantenido una relación clandestina durante varios años. Un día, y sin que ella lo anticipara, rompe la relación con ella, invocando la diferencia de edad y dando otras explicaciones poco convincentes. Entonces la joven mujer se desmorona. Un segundo elemento, determinante para mí en esta «depresión», es cuando descubre que su historia era conocida en la oficina, mientras que ella pensaba que su relación era secreta. Todo el mundo estaba al tanto no solo de la relación, sino también de que este hombre la había abandonado brutalmente.

He aquí la hipótesis que propuse: esta patología no es una depresión, ¡es el producto de la vergüenza! Esta mujer se muere de vergüenza. Ha intentado salirse de su ámbito, lo ha logrado, ha hecho una trayectoria impecable, y ahí, falló. La vergüenza necesita la presencia de un tercero. De lo contrario es culpabilidad. Entonces, la colega que me había presentado este caso recordó que, en efecto, su paciente le había hablado de su vergüenza. Pero como en las categorías actualmente en vigor la vergüenza no es considerada como un diagnóstico relevante, no había comprendido la importancia de este sentimiento para la joven mujer, sentimiento que la estaba llevando a cometer un auténtico suicidio mental. En cuanto mi colega pudo deshacerse de este tapaojos diagnóstico, la paciente se sintió comprendida y sostenida, y la situación comenzó a mejorar.

Veamos otro ejemplo, desgraciadamente muy común en nuestros tiempos. Una persona es despedida de su trabajo, no por incompetencia, sino por razones coyunturales: su empresa se ha fusionado con otra y el puesto de esta persona se ha vuelto inútil, o la empresa se ha desplazado a otro lugar, o ha habido un «plan social» cuyo propósito era esencialmente el de contentar a los accionistas. Para esta persona, su trabajo representaba más que una fuente de ingresos, era también un soporte identitario que mantenía significativamente su sentimiento de existir. Se podría concluir que, al no haber sido respetadas su identidad profesional y sus capacidades, ello supone un ataque a su sentimiento de existir. Pero aun en estas circunstancias, si la empresa está bien organizada puede ofrecer apoyo, a través de una institución dedicada a la reubicación de sus empleados. En tal caso se puede decir que se ha respetado la dignidad de esta persona y tiene la posibilidad de reencontrar un impulso para superar el trauma sufrido. Pero imaginemos cy esto no es difícil– que este despido sucede cuando la situación económica en general está pasando por un mal momento, o que la empresa está dirigida por un gobierno insensible al sufrimiento social. Entonces, la circunstancia es muy diferente. Ya no es tenida en cuenta la injusticia perpetrada contra esta persona, su dignidad apenas es respetada, sus tentativas son en vano, menospreciadas («Vamos a ver si podemos utilizarlo», dice un reclutador anglosajón). Aquí, el sujeto corre el riesgo de pasar a tener una identidad sustitutiva que le convertirá no solo en un desempleado, sino en un «deprimido», y esto es precisamente lo que la sociedad, gracias a la medicina, le sugiere. De cara a este tipo de situaciones, a estas personas a veces les propongo, además del proceso terapéutico, que busquen arraigo en una actividad, incluso de carácter de voluntariado, ya sea en una asociación para distribuir comida a los desfavorecidos, involucrándose en Los Traperos de Emaüs para dar alojamiento a los sintecho…, participando en un programa de alfabetización, o en cualquier otra actividad que pueda devolverles un sentimiento de dignidad, de sentirse útiles y de fraternizar. ¡En efecto, su enfermedad no se llama depresión, sino humillación! Reencontrar una dignidad de pertenencia me parece más adecuado que un tratamiento médico, el cual únicamente aportará más culpabilidad en el contexto de un despido.

La finalidad de la psiquiatría, si no quiere convertirse en una psiquiatría veterinaria, no es la salud, sino la dignidad. Aspira a restablecer la dignidad humana, es decir, la libertad que forma parte de la condición humana, la capacidad de elegir su destino, de pensar, de enfrentarse a sus angustias existenciales. Desde esta perspectiva, toda patología es considerada un ataque a aquello que constituye la dignidad del hombre, a la vez que una tentativa de remediar ese ataque. Pues es también una solución, ciertamente disfuncional, pero respetable como tal, ya que se trata de intentar resolver, mediante la patología, una cuestión vinculada a la existencia, es decir, al problema más complejo y más profundamente humano: ¿cómo construir y preservar un sentimiento de existencia siendo conscientes de la brevedad de la vida? El ser humano, escribe Jean-Paul Sartre, no es «musgo, algo putrefacto, o una coliflor [...]. Es ante todo un proyecto».[43] Vive, es cierto, pero también le corresponde construirse.

Conclusión
El más íntimo y frágil de los sentimientos humanos

Los humanos tienen una antigua fantasía, la de una droga milagrosa, capaz de sanar el *taedium vitae*, la angustia existencial, una droga que les liberara de la pregunta fundamental que les distingue de los animales: la pregunta acerca de su destino, acerca de qué vienen a hacer en este planeta, acerca de su lugar, su identidad, sus creencias, sabiendo que la vida es limitada. Freud se dejó llevar por este espejismo. Creía haber encontrado el remedio en un producto, la cocaína, la cual pensaba que le abriría las puertas del reconocimiento y de la gloria. No fue el caso y su amigo Ernst von Fleischl pagó el precio, al morir de una sobredosis de esta droga que Freud le había aconsejado tomar para sanar su depresión. Este viejo sueño persiste entre los médicos que recomiendan tal o cual «antidepresivo», o entre los pacientes que piensan que así no han de cuestionar su ser profundo. Los filósofos no son una excepción: se hacen existir planteando una pregunta, la de nuestra existencia, para la que se sabe que no hay respuesta. Los religiosos hacen lo mismo creyendo, al contrario, que hay una respuesta.

El obstáculo que hay que superar es la idea de que no existe el destino, salvo el que dice que nuestra vida es limitada, que no hay más que construcciones. La alienación fundamental del hombre es su libertad.

El gran psiquiatra francés Henry Ey lo expresaba así: «La angustia es inherente a la naturaleza humana […]. Porque la vida es únicamente un potencial en la organización de nuestro ser […]. Porque nuestro destino nos compromete y nos propone a cada instante una elección entre posibilidades […] que tenemos miedo a tener miedo […], la angustia aparece como un vértigo vivido en el abismo de los tiempos […], tal es la angustia […] conciencia de nuestra naturaleza y de nuestro destino […] que se expresa a través de dispositivos que representan, en nuestro organismo, las características de la especie a la que pertenecemos y por la que la alegría, el dolor y el miedo toman aspecto humano».*

La vida es una tentativa, la única, de hacerse existir, a pesar del fracaso seguro. Es también por eso por lo que cada persona, cuando se ve amenazada por la desesperación, tiene derecho a que su sufrimiento sea escuchado en todo aquello que tiene de particular, de singular. No hay nada más frágil, más íntimo, más humano que el sentimiento de existir.

---

* Citado por Henri Mignot, *L'Évolution psychiatrique*, fascículo IV, 1947, p. 649.

Notas

1. Irvin Yalom, *Psicoterapia existencial*, Barcelona: Herder Editorial, 2016.
2. Viktor E. Frankl, *Man's Search for Meaning*, Nueva York: Beacon Press, 1959, p. 141. [Versión en castellano: *El hombre en busca de sentido*. Barcelona: Herder, 2015.]
3. Jacques Lacan, *Le Séminaire, livre XI: Les quatre concepts fondamentaux de la psychanalyse (1964)*, París: Seuil, coll. «Points», 1990.
4. Albert Camus, *El exilio y el reino*, Madrid: Alianza editorial, 2014.
5. Émile Durkheim, «Introduction à la sociologie de la famille» (1888). in *Textes. 3. Fonctions sociales et institutions*, París: Minuit, 1975.
6. Jacques Lacan, «Les complexes familiaux» (1938), in *Autres écrits*, París: Seuil, 2001.
7. Véase Robert Neuburger, *Nouveaux couples*, París: Poches Odile Jacob, 2000, y *«On arrête ?... on continue ?» Faire son bilan de couple*, 3ª edición ampliada, París: Payot, 2013. [Versión en castellano: *¿Seguimos... o lo dejamos?* Madrid: Alianza Editorial, 2007].
8. Edgar Morin, *Le paradigme perdu*, París: Seuíl, 1979, p. 32. [Versión en castellano: *El paradigma perdido. Ensayo de bioantropología*, Barcelona: Kairós, 1979.
9. Louis Althusser, *L'avenir dure longtemps*, seguido de *Les faits. Autobiographies*, París: Stock/IMEC, 1992.

10. Pascal Quignard, *Vie secrète*, París: Gallimard, 1997, p. 100. [Versión en castellano: *Vida secreta*. Buenos Aires: El cuenco de Plata, 2018.]

11. Viktor E. Frankl, *Man's Search for Meaning*, Nueva York: Beacon Press, 1949, p. 141. [Versión en castellano: *El hombre en busca de sentido*. Barcelona: Herder, 2015.]

12. Max Schur, *La Mort dans la vie de Freud*, París: Gallimard, col. «Tel», 1982.

13. Primo Levi, *Si esto es un hombre*. Barcelona: Austral, 2018.

14. Antonin Artaud, *Van Gogh, le suicidé de la société*, París: Gallimard, col. «Arcades», 2001.

15. Pascal Quignard, *Vie secrète*, París: Gallimard, 1998, p. 123. [Versión en castellano: *Vida secreta*. Buenos Aires: El cuenco de Plata, 2018.]

16. Dan Franck, *La Séparation*, París: Seuil, col. «Points», 1998.

17. Elias Canetti, *La langue sauvée. Histoire d'une jeunesse, 1905-1921*, París: Albin Michel, 2005. [Versión en castellano: *La lengua salvada*. Barcelona: Editorial DeBolsillo, 2006.]

18. Elias Canetti, *Le Coeur secret de l'horloge. Réflexions, 1973-1985*, París: Livre de poche, 1998, p. 119. [Versión en castellano: *El corazón secreto del reloj*. Madrid: Muchnik Editores, 1987.]

19. Georges Simenon, *Mémoires intimes*, seguido por el *Libro de Marie-Jo*, París: Presses de la Cité, 1981.

20. Véase Robert Neuburger, «Préface», en Sigmund Freud, *Psychologie de la vie amoureuse*, París: Payot, col. «Petite Bibliothèque Payot», 2010.

21. Louis Althusser, *L'avenir dure longtemps*, París: Stock/MEC, 1992, y German Arce Ross, «L'homicide altruiste de Louis Althusser», *Cliniques méditerranéennes*, 1, 2003.

22. Louis Althusser, *L'avenir dure longtemps*, *op. cit.*, p. 269.

23. Fabien Tarby, *La Philosophie d'Alain Badiou*, París: L'Harmattan, 2005, pp. 59-60.

24. Henry de Montherlant, *Va jouer avec cette poussière. Carnets, 1958-1964*, París: Gallimard, 1966.

25. Emil-Michel Cioran, *Silogismos de la amargura*. Barcelona: Tusquets Editors, 1990.

26. Sacha Guitry, *Mémoires d'un tricheur* (1935), París: Gallimard, col. «Folio», 1973.

27. Françoise Sagan, *Le Cheval évanoui*, París: Livre de poche, 1969, p. 61.

28. Roland Barthes, *Fragments d'un discours amoureux*, París: Seuil, 1977, p. 123.

29. Stefan Zweig, *Veinticuatro horas en la vida de una mujer*. Barcelona: Acantilado, 2020.

30. Para más detalles, véase Robert Neuburger, «Freud collectionneur», *Psychologie médicale*, 20 (2), 1988.

31. Pascal Quignard, *Le Sexe et l'Effroi*, París: Gallimard col. «Folio», 1993, p. 243. [Veersión en castellano: *El sexo y el espanto*. Barcelona. Minúscula, 2005.]

32. Abbé F. Lebreton, *Petite somme théologique de saint Thomas d'Aquin*, París: Gaume & Duprey, 1862.

33. Jean-Pierre Dupuy, *Pour un catastrophisme éclairé. Quand l'impossible est certain*, París: Seuil, 2002.

34. Christine Angot, *L'Inceste*, París: Stock, 1999.

35. Pierre Teilhard de Chardin, *El fenómeno humano*. Barcelona: Taurus, 1963.

36. Robert Kendell, Assen Jablensky, «Distinguishing between the validity and utility of psychiatric diagnoses», *American Journal of Psychiatry*, 160, 2003, pp. 4-12.

37. DSM-IV (p. XXII) en Stuart Kirk y Herb Kutchins, *Aimez-vouz le DSM? Le triomphe de la psychiatrie américaine*, París: Les empêcheurs de penser en rond, 1998.

38. Arnold Munnich, *La Rage d'espérer*, París: Plon, 1999, p. 121.

39. Christopher Lane, *Comment la psychiatrie et l'industrie pharmaceutique ont médicalisé nos émotions*, París: Flammarion, 2009.

40. Michel Foucault, *Los anormales*. Madrid: Akal ediciones, 2001.

41. Karl Kraus, *Aphorismes. Dits et contre-dits* (1909), París: Rivages, 2011.

42. Claude Lévi-Strauss, *Le Totémisme aujourd»hui*, París: PUF, 1962.

43. Jean-Paul Sartre, *El existencialismo es un humanismo*. Barcelona: Editorial Edhasa, 2002.

editorial **K**airós

Puede recibir información sobre
nuestros libros y colecciones inscribiéndose en:

www.editorialkairos.com
www.editorialkairos.com/newsletter.html

Numancia, 117-121 • 08029 Barcelona • España
tel. +34 934 949 490 • info@editorialkairos.com